柳袁照 著

大夏书系·教育随笔

读书 是美的

华东师范大学出版社
ECNUP
全国百佳图书出版单位

目录

001 / 序 这里只有真诚、纯粹、美妙

上编 美呀，在旅途中享受乐趣

003 / 为了享受旅途中的种种乐趣

009 / 醒来时，我们面对永恒

015 / "童心"李镇西

020 / 其实，他是向学生跪着的

024 / 跨过海，换一种视界

028 / 用细节垒筑了教育的殿堂

032 / 学校，还有精神上的喃喃自语吗？

035 / 程红兵与阴卫东，你们更喜欢谁？

039 / 教育的"天外来客"

045 / 为何钱梦龙们之后，也就没有了钱梦龙们模式？

049 / 致敬的同时是忏悔

052 / 真是想想要哭

中编 美呀，在爱中找你自己

059 / "情感女圣"朱先生

065 / 为了灵魂的丰盈而阅读

069 / 外表是徐志摩，内心是武松

073 / 不深挖、不拔高、不过度，真真切切

076 / 读书是幸福教师的密码

080 / 教师到了今天，竟然需要教他读书

085 / 散落于草地上的珍珠

089 / 他是语文课堂上最美的"人体"

094 / 天下爱书人的圣地：查令十字街84号

100 / 啊，美呀，在爱中找你自己吧

104 / 如在当下，巴学园的小林校长会被免职

107 / 心灵在心灵的世界里颤动

111 / 当下我们有没有苏霍姆林斯基？或许没有

114 / 我心中的理想学校

下编 美呀，在孤独中散发永恒的光芒

119 / 鹊飞走了，但杨绛还在

122 / 永恒的孤独的光芒

126 / 一个台湾的"最江南"诗人

131 / 人生总在雅与俗之间

138 / 大山里忧伤的诗

141 / 凡事不能重来

143 / 河流上没有了码头

146 / 那一抹凄美的梦痕

150 / 从开始就预示了种种可能

157 / 童话的旷野上有森林、河流

161 / 在最柔软处的相遇

165 / 褪色的青衫里，究竟藏着什么法术呢？

171 / 这里没有标准答案，《老人与海》不是一部小说

序　这里只有真诚、纯粹、美妙

柳袁照

我们都见过日出时的情景：大海边，初生的太阳从海的彼岸升起。开始天际一片迷蒙，像一场美梦，似乎清晰也似乎不清晰，晃动着一个庄严而美艳的渴望。瞬间，太阳跳出来了，开始是腼腆的、小心翼翼的，对世界张望着。然后，慢慢攀爬到海面上，露着一张笑脸，把自己的满腔诗意，和着缤纷的云彩，洒在海面上。金黄金黄的梦，似乎一下子又在大海上弥散开来。太阳，就如此这般在人们的期待、欣喜之中，正式升起来了。

我以"美"为系列，在华东师范大学出版社"大夏书系"出版了几本书。之前出版了《学校是美的》《教育是美的》，这《读书是美的》是第三本。每一本"美的"书的出版，好比自己孕育的孩子的诞生。每一个孩子的诞生，又如何不是父母生命中的那颗最灿烂、最期盼的太阳的诞生。

《学校是美的》写的是我的母校苏州十中的故事，她的历史、她的现实。校园里的每一个历史人物都是那么可亲可爱。学校是我灵魂的寄托，于学校经历的每一天每一件事都值得珍藏。对我来说，平凡也好，平常也罢，只要在那个校园发生的，都是美的。

《教育是美的》写的是我对这个世界的日常感悟，因为我生命中大部分时间在做教育，因而看到什么都想到教育。尽管这种启迪是人生的、泛泛的，可是在我看来，是一种昭示，让我联想起教育、聚焦教育，引发我对教育的思考或重新思考。《教育是美的》已经不局限于校园了，我走出了校园，面对的是整个世界，进而感悟、感知教育。

而现在这本《读书是美的》，则是以另一种方式面对世界，与世界交流。前者是我直接面对世界，以自己的日常生活或日常的学校生活，直接与世界交流；而后者，则是我间接地与世界交流，通过"前辈""智者"与世界间接对话。读书，即是如此。这些书，或经典、或朋友之书，或教育、或文化、或文学，每读一本似乎新结识了一位朋友，或对一位老朋友有了新的了解与认识。或许是思维的习惯、职业的习惯，我又都会聚焦到教育，联系到当下的教育现实中来，我感受到的同样是美——从书中感受到的教育之美。

人生两大乐事：读书与行走。这几本"美的"系列，都离不开"读书与行走"的范畴与主题。无论"行走"，还是"读书"，都是与世界交流、对话。这些过程，无论怎样曲折与艰难，积淀之后、经过岁月的筛选之后，本质上都是美好的。我有一个习惯，喜欢用文字做记录，这本《读书是美的》是我读书的札记，即是我读书的记录。我基本能做到，不写读书札记不读书，或者说读了书一定要写札记。读书不写札记，就像漏斗盛水，倒进去即流走，何其可惜。

读书，于我来说，同样是与世界交流，这是我的生存方式，也是我的生活。因而，我希望我与她的交流，是真诚的、纯粹的、美妙的，所以，我的这本《读书是美的》，有的只是这样的真诚、纯粹、美妙的情感，希望她是我真实生活与生命的一部分，有些鲜活的生命与生活在，因而我不会在文中"一本正经""故弄玄虚""夸大其词"。读书与生活结合在一起，读书与交友结合在一起，读书与怀想结合在一起，读书与"做梦"结合在一起。所以，这些文字并不正统，并不属于已有定义的"读书札记"的范畴。

太阳每天都是新的，我们哪一天没有满腔热情地用自己的全部真诚与期待，迎接旭日东升呢？对于《读书是美的》的出版，我有着期待日出的心情，这是一个美妙的时刻。幸福不期而至，每天都有幸福的降临，应该是我们做老师的善良的心态与天真的梦想，唯有如此，我们才有希望，教育的一切才是美的。

2019 年 9 月 8 日于清华园之邻

上编

美呀，在旅途中享受乐趣

为了享受旅途中的种种乐趣

——《周国平论教育：守护人性》阅读札记

多年前，我即读周国平。我即知道他是一个智者。说也奇怪，中间我又有好多年没有读周国平。我是没胆量读，怕在他面前露出自己的浅薄、无知。几年前，我请《晚秋》的作词者苏拉到学校给老师讲读书。苏拉说"遇到一本好书，像遇到爱一样"，深深触动了我：遇到爱一样，是如何的美妙？可是，遇到一个与己距离太远的爱，理智地退避三舍，是不是一个实事求是的选择？我遇到周国平的书，或者即类似于这样的关系。然而，不知怎的，最近我还是找出周国平的书，认真阅读起来。

说也奇怪，再读周国平，感觉竟然不是原来的样子了。原来是深不可测、高不可攀，现在竟然可敬可亲，如一个长者，满身智慧，坐在我的面前，与我品茗神聊。长者谈天说地，古往今来，以哲学、历史、文学的眼光，聚焦在"教育"上，我的视野随着他的视野而变化、移动。

"高度、灵动、圆融"三个词蓦地从我的脑子里跳了出来。周国平，确切地说是周国平的文字，用此三个词概括是最恰当不过的了。读书明理，在我读《周国平论教育：守护人性》时方才真真切切地感悟到。

> 对我们影响最大的书往往是我们年轻时读的某一本书，它的力量多半不缘于它自身，而缘于它介入我们生活的那个时机。那是一个最容易受影响的年龄，我们好歹要崇拜一个什么人，如果没有，就崇拜一本什么书。后来重读这本书，我们很可能会对它失望，并且诧异当初它何以

使自己如此心醉神迷。但我们不必惭愧，事实上那是我们的精神初恋，而初恋对象不过是把我们引入精神世界的一个诱因罢了。当然，同时它也是一个征兆，我们早期着迷的书的性质大致显示了我们的精神类型，预示了我们后来精神生活的走向。(《好读书》)

  此段文字，周国平在说自己，但我左看右看，怎么看都像在说我，恕我不恭，我早年读周国平与此刻读周国平，就是这样的感觉。虽不至于"重读这本书，我们很可能会对它失望，并且诧异当初它何以使自己如此心醉神迷"，但是当初不敢亲近的那层神秘面纱不见了。现在，我能够坐在他面前，聆听之余，还敢与他对话，尽管有些拘谨，有些小心翼翼。因为我们有了一份自信，于精神深处，有了与周先生相通之处，才不至于胆怯。

  周先生说："书对我们很难再有这般震撼效果了。无论多么出色的书，我们和它都保持着一个距离。或者是我们的理性已经足够成熟，或者是我们的情感已经足够迟钝。"(《阅读与素质教育》)我正是处在如此的精神状态下读《周国平论教育：守护人性》这本书的。书中的大多数文章，都是写于十年至二十年前。读本书，要把自身置于那时的教育背景之中，方能有一个准确、深刻的把握，即方能读出"味"，读出周先生的不一般来。想一想那时的教育，再想一想周先生的论述，其实我们做错了：我们自以为做得更优秀，其实我们做得很差劲。

  假如，有人问我最喜欢的是哪一篇，我会不假思索地推荐此书的第一篇：《教育的七条箴言》。此文写于2007年3月，那时社会正处于教育大发展、学校大发展的阶段，现在想想，当时我们许多人真不知道怎么发展。不妨诵读周先生的七条箴言（其实，教育人不妨每天早晚在心里默读一遍），这对我们大家都是有意义的：

  第一条箴言：教育即生长，生长就是目的，在生长之外别无目的。
  第二条箴言：儿童不是尚未长成的大人，儿童期有其自身的内在价值。

第三条箴言：教育的目的是让学生摆脱现实的奴役，而非适应现实。

第四条箴言：最重要的教育原则是不要爱惜时间，要浪费时间。

第五条箴言：忘记了课堂上所学的一切，剩下的才是教育。

第六条箴言：大学应是大师云集之地，让青年在大师的熏陶下生长。

第七条箴言：教师应该把学生看作目的而不是手段。

论述何其深刻。周先生谦虚地说自己不是教育人，他是学哲学、研究哲学、讲哲学的人，可一旦以哲学的眼光审视教育，则与就教育说教育的人的视野完全不一样了。正如杜甫所说："会当凌绝顶，一览众山小。"周先生站在哲学之山上，教育的整个面貌，都呈现于眼下。进步与落后、文明与愚昧，甚至似是而非的假象，一目了然。

我喜欢读周先生的文字，他的文字有一种磁性、磁力，吸引人。如何做真正意义上的教育？如何办真正意义上的学校？如何做一个真正意义上的老师？周先生强调要"读书"。如何读书？怎样读书？读什么书？周先生在许多篇目中都有阐述，他说要"读经典"。一个人的生命有限，且不要读一般人当下写的书，他特别告诫飞机场、火车站那些地方书店里的畅销书，特别是"励志类"的书都是垃圾书。

他说："真正的阅读必须有灵魂的参与，它是一个人的灵魂在一个借文字符号构筑的精神世界里的漫游，是在这漫游途中的自我发现和自我成长，因而是一种个人化的精神行为。"（《经典和我们》）

他还说："我的一位酷爱诗歌、熟记许多名篇的朋友叹道：'有了歌德，有了波德莱尔，我们还写什么诗！'我与他争论，尽管有歌德，尽管有波德莱尔，却只有一个我，这个我是歌德和波德莱尔所不能代替的，所以我还是要写！"（《怎么读》）

遇到一本真正的好书，我们必须让灵魂参与一起阅读。阅读本质上是"精神的漫游"，是"自我发现与自我成长"。"经典"很重要，可"经典"代替不了"自己"。最近，我听到议论说，某位校长不让举行学生"原创诗会"，并说：学生的诗难道比经典好吗？要朗诵经典，不能朗诵"原创"。我以为，当下我们的一些校长、教师到了要好好读书、认真思考的时候了。我们不能做似是而非、自以为是的教育，那是愚蠢的行为。一所学校在我们手上、一个班级在我们手上，切不能不知不觉地把它们引向歧途。

  我衡量一本书的价值的标准是：读了它之后，我自己是否也遏止不住地想写点什么，哪怕我想写的东西表面上与它似乎全然无关。（《怎么读》）
  有的人有自己的独特感受，有的人却只是对别人的感受发生同感罢了。两者都是真情实感，然而是两码事。（《怎么读》）

  我们的阅读，有这样的感受吗？有这样的冲动吗？读书不仅仅是读书本身，而是"锻造"我们的灵性。今日之教育的根本问题是缺乏"灵魂"，学校的日常教育生活、教育行为"贫乏""单调""枯燥"，是因为丢失了"灵魂"。学校的平庸、功利，是因为教育人的平庸、功利。我们好好读书吧，像周先生那样做一个有"灵性"的人，在丰富的精神世界里遨游："某生嗜书，读书时必专心致志，任何人不得打扰。一日，正读海德格尔的《存在与时间》，海德格尔叩门求访。某生毅然拒之门外，读书不辍。海德格尔怏然而归。"（《好读书》）
  高度、灵性、圆融，确是本书的特点，也是周先生通过文字呈现的自身的特点，亦是当下教育所缺少的、学校所缺少的、教师所缺少的。周先生不是单一的某个领域的学问家，他是一个能把哲学、历史、文学、艺术、社会、心理、教育融为一体的人，因而丰富、立体，看问题辩证、全面。读完此书，掩卷而思，给我印象最深的是周先生的哪几个观点？
  一是他说"儿童是哲学家"；二是他主张"读书、写日记"。前者是他的教育理念的出发点，后者是他成功与优秀的秘诀。支撑这两点的是他深厚、丰富的学术背景。
  歌德说过这样一句话：读一本好书，就像和许多高尚的人谈话。此刻，我真是到达了这样的境地：

一个人的童年，最好是在乡村度过。一切的生命，包括植物、动物、人，归根到底来自土地，生于土地，最后又归于土地。(《儿童教育五题》)

据说童年是从知道大人们的性秘密那一天开始失去的。在资讯发达的今天，孩子们过早地失去了童年，而大人们的尴尬在于，不但失去了秘密，而且失去了向孩子揭示秘密的权利。(《怎样做父母》)

这些都是发人深省的文字，我们意识到了吗？应该怎么办？我们想过吗？

怀特海主张，应该像一个无知的人那样思考。说得真是精辟，不管你已经拥有多少知识，都当它们不存在，你的头脑永远直接面对事物本身，这正是一个具有独立思考能力的人的基本状态。(《人文精神与教育》)

周先生高调地强调读书，但是他明白死读书，不如不读书。继承很重要，但是创造创新更重要。当下，我们教育的原创性何其缺乏！老师的原创性何其缺乏！孩子的原创性何其缺乏！

在我看来，一切教育归根到底都是自我教育，一切学习归根到底都是自学。我很赞成一句话：学习就是学会学习。(《人文精神与教育》)

怀特海真是一位大教育家，在教育问题上有许多真知灼见，他早就指出：统一考试是灾难性的，必然会使所有被迫参加这种考试的学校包括校长和教员都受到束缚。他说的统一考试，是指那种考题不是由学生自己的老师设计，而是由某个机构设计的考试。(《人文精神与教育》)

我的意思是说，成功不是衡量人生价值的最高标准，比成功更重要的是，一个人要拥有内在的丰富，有自己的真性情和真兴趣，有自己真正喜欢做的事。只要你有自己真正喜欢做的事，你就在任何情况下都会

感到充实和踏实。(《成功的真谛》)

　　哲学一词的本义是爱智慧，通俗地说，就是不愿糊里糊涂地活着，要活得明白。苏格拉底有一句名言——"未经省察的人生没有价值"，就是这个意思。而要活得明白，就必须用自己的头脑去想世界和人生的根本问题。(《做一个有灵魂的人》)

　　以灵魂参与阅读，如进入精神世界的绝佳的风景之地。我遇到好山水、好花草会停下脚步，拍照留下记忆。我在《周国平论教育：守护人性》一书中徜徉，同样摘录了上述精妙的话语，作为我教育路上行走的"路标"。歌德说："人之所以爱旅行，不是为了抵达目的地，而是为了享受旅途中的种种乐趣。"精神旅行何尝不是如此？阅读之中的乐趣，是可以言说的，也是言说不尽的。

2017 年 10 月 7 日，于丽水

醒来时，我们面对永恒

——我读李政涛《重建教师的精神宇宙》

我见过李政涛先生两次面。一次是在教育部领航班聘请导师的仪式上，他是理论导师，我是实践导师，见面只是寒暄了一番。还有一次，去年深圳教育局举行校长读书培训活动，请了李先生，也请了我。给了他两个半小时的讲课时间，给了我三十分钟。于是，我坐在台下，认真听，听听他是如何"布道"的。

我捧着《重建教师的精神宇宙》读，料想这是一部深奥的书，做好了心理准备，要啃它几天。大概在五六年前，我与《中小学管理》杂志的沙培宁主编聊起这本杂志的前任主编李政涛，她说此人绝对是一个大才子，后来去华东师范大学加入了叶澜教授的"新基础教育"团队。后来，我才知道他就是李政涛。一个放弃北京，融入上海的人，一定有个性。可是，我见了他：瘦瘦的、鼻梁上架了一副眼镜、不善与人言语（至少与陌生人不善言语），外表看不出什么特别之处。其实，此类人最深不可测，读他的书，要小心。

然而，阅读了两个小时之后，闭眼，掩书，略一沉思，我的面前出现了这样的一个人：诗人、朝圣者，有哲思的灵光，以近似宗教的悲悯情怀做"新基础教育"。我喜欢形象思维，喜欢打比方，那么，他是谁？李政涛是谁？《重建教师的精神宇宙》是什么？

一片茫茫的草原。这里不仅有无边的茂密的草地，还有蜿蜒的河流、挺立于天际的树，这之间有奔跑的骏马。这是完整的一片风景，完美的一幅画。

我放下书，开始在微信上与沙培宁女士对话。沙女士是一个智者，眼光能洞察一切，且反应灵敏，逻辑思维与直觉思维皆佳。她曾采访我，写了一篇诗性教育的报道发表在《中小学管理》上，有一年这篇报道被广东省高考前的模拟考试采用为阅读分析材料，作为考生的示范之作。所以，她的话，我信。以下是我们的对话：

  柳：沙主编好。你能不假思索地对李政涛作出一个最简短的评价吗？

  沙：学养深厚一书生。

  沙：政涛对人、对人性、对教育的理解深及哲学层面，是根性的。

  柳：好一个"精神厚度"，好。

  沙：他的哲学与文学修养都很深厚，内心丰盈，情感丰沛。大才子。

  柳：去年深圳举办论坛讲座，给他两个半小时讲，给我半个小时讲。他讲课，当场在电脑上"板书"，投在大屏幕上。

  沙：很潇洒吧。

  柳：静。

  沙：纯粹。

  沙主编说得何其好，她的评价，流露的是对李政涛发自内心的认可、喜欢。我何尝不是这样？我读李政涛的文字，读出来的是"厚重"，是"虔诚"。我会想到西藏，想到我曾经跋涉在西藏阿里的高原上，想到圣山冈仁波齐，想到那些跋涉在山路上磕长头的藏民们。他们去做什么？不是也为了内心吗？他们为什么能如此执着，弃生命于不顾，不就是为了心中的那点"光明""信仰"吗？他们何尝不也是去为了"重建"？——重建"精神宇宙"？

  叶澜是李政涛行走中遇到的"菩萨"，正如他自己所说："我相信，先生不仅是一位智者，而且是一位求道者，倾其所有之生命能量，孜孜以求教育之大道、生命之大道。所以，任何怀有如此求道的虔诚之心者，与先生的相遇就是道遇。"(《从相遇、知遇到道遇》)。

李政涛提出教师要建立自己的精神宇宙，他自己有没有精神宇宙？有。在哪里？——在西藏高原。他的西藏高原，有草地、有河流、有树林。地上有骏马，天上有雄鹰。有高度，却不荒凉。一位术业有专攻的专家，又是一位诗性写作的文人，何其难得？专家的随笔，与单纯的文学随笔又不一样：诗人的底色，哲学的灵性，教育的悟性，都充斥在《重建教师的精神宇宙》之中。他说："一个人的生命将经历多次诞生，每一次诞生都可能是凤凰涅槃。"（《断裂与弥合中的自我重生》）他说："每一个自我都是一个宇宙。""教育中最可能发生的事情是：孩子的宇宙因为教育而变得越来越宽广，教师的宇宙却变得越来越狭窄和封闭……"（《重建教师的精神宇宙》）

今天，我们教师的宇宙何尝不是这样，变得"狭窄"与"封闭"。除了传授考点知识之外，还有什么？除了应付评职称、上级检查，还有什么？除了站在自己那方教室之外，还会时不时走到原野去，眺望天空吗？

前几天，我去了四川绵竹，那个四方钟楼，时针永远停留在下午两点二十八分的地方。汉旺，曾经的古镇，也曾郁郁葱葱，一瞬间满目疮痍。九年过去了，一眼望去，如今山头上又是郁郁葱葱。

老师们，我们曾经荒芜的宇宙，如何再次郁郁葱葱？那天，在汉旺，在山里的农家，我喝着土制的琥珀色陈酒，一口一口，一杯一杯，不知不觉就醉了，没有任何反应，不头痛、不头晕，只是醉了，只是失忆了。绵竹的彭局长那年一瞬间失去了父亲、母亲、妹妹三个亲人。他说，那是忘忧酒。

忘忧酒喝过之后，就要重建家园，重建自己的精神宇宙。什么是"精神宇宙"？李政涛说，要从重建自己的价值观开始：

> 变革是从价值观和价值取向的变革而来的，由时代敏感和生命敏感而来的"生命自觉""成事成人"和"关注实践"等价值观，导引着这些年来的"新基础教育"。

要改变自我，走出困境，必须把这些纸上的价值观、黑板上的价值观变成属于我的、内在于我的价值观，变成行走着的、活着的价值观，让自觉之生命在每一个生命细节中彰显出来，使对实践的关注成为自身学术生命发展的内在动力。(《一段精神之旅：从漂泊到扎根》)

这是一位苦行僧的行走。读他的"实践笔记"（他自己称之为"落地笔记"），感觉到他对自己异常苛求，说做"新基础教育要沉下去"，自己沉得不够；说"磨课"，自己磨得不够；说"贴近实际"，贴得不够；说"悟"，悟得不够；说"融"，融得不够。苦行僧就是这样每天异常苛求着自己的，天天如此，在荒原上播撒草种、树种，挖掘河流，垒成山头，以求建成一个完整的世界。

他是一个建设者，不是一个破坏者。今天，许多专家学者仅仅是一个破坏者，居高临下，指挥、指点、批判老师、校长的"实践"。李政涛说："我也努力走出尖锐的批判者的角色，不再满足于享受批判的快感，转而追求建筑师的角色，寻找重建的突破口，摸索重建的可能。"他有扎实的"案头功"，这来自理论逻辑。但是，他的"案头功"很快被他的"现场功"取代，或部分地取代。所谓"现场功"，其施展的场所在原野，不再取决于"预设与成见"，直面现实、直面现场。在精神磨砺的过程中修炼人生、修炼学问，促使自我精神世界转型和变革，让灵魂再生和涅槃。

本书叫《重建教师的精神宇宙》，书名与书的内容有多大关系？我也曾如是怀疑。读完之后，我释然了。本书共有六辑。作者在后记中说，自己尤为珍视第六辑。我很喜欢其中的这段话："虽然，这些文字具有鲜明的私人性，但通过对自我生命多次诞生、重生过程的追忆，或许会为那些后来者和同行者带来些许启示与温暖。相互取暖，绝不仅仅是发生在身体之间，还发生在精神与灵魂之间。精神的热度，灵魂的温度，是对孤独人生的抵御和疏解，也是对千疮百孔的教育保持勇气和信心的动力。"

第六辑中我尤为喜欢第一篇《一段精神之旅：从漂泊到扎根》。说的是作者跟随叶澜老师从事"新基础教育"实验的历程。行走在"新基础教育"之路上，展露的是自己的"心路"。他引用美国诗人罗伯特·弗罗斯特在《我有诺言，尚待实现》中发出的慨叹，为自己的"前行之路"注脚：

> 树林美丽，
> 幽暗而深邃。
> 但我有诺言，尚待实现，
> 还要奔行百里，方可沉睡。

李政涛本质上是一个诗人，他的重建，是诗人的重建。书中有一首他自己写的诗，叫《醒来时，我们面对永恒》，他的精神宇宙是如此神秘、忧伤却美好：

> 我们在呼吸中醒来，
> 与永恒的瞬间对视，
> 仿佛手心握住了天国的钥匙。
>
> 我们将用耳朵彻夜歌唱，
> 用眼睛无止境地书写，
> 感官的盛宴在修女的晨祷声中幻灭。
>
> 不要惊扰时代的墓地，
> 当根基发生漂移，
> 就在内心呼喊，像无助的老人一样。
>
> 从虚无中浮出脸庞，
> 用清水、盐和空气擦洗，
> 只是为了变成幼童的样式。

他总是在孤寂中追问，

和诸神的宴会何时开始，

那时，我将带着天使的翅膀飞驶而来。

2017 年 6 月 29 日

"童心"李镇西

——我读《教育是心灵的艺术》

这几天见到的美景,让我舒心又惊讶。很平常的地方,天天相遇的地方,在不同的时节、不同的日子里相遇,一切都会不一样。初夏时节,江南的浓荫已经可以蔽日,端午节那天,我踏进静悄悄的校园,草地、树木、角落里的小花小草,一派盎然。

这是一种境界,不忧不喜、宠辱不惊的境界。我坐在一边,读李镇西的随笔《教育是心灵的艺术》。李镇西是大家所熟知的教育名人,我与他相遇、相识也近十年了。我知道他做老师做得很好,做语文老师做得很好,做班主任做得很好,做校长做得很好,课上得很好,文章也写得很好。恕我直言,怎么个好法?我却不是很清楚。上个月他来到苏州,提前半个月便在微信上问我,某某日子在不在学校?如在,会提前半天来苏州,喝喝茶、聊聊天。这一次见面虽说已是第三次,喝茶、聊天、看瑞云峰,还是有点拘谨,尽管甚欢。走在西花园的时候,我们站定,说起"新教育",他竟瞬间严肃起来,对我说:我们提倡"新教育"是为了消灭"新教育"。一句话,让我肃然起敬。他说:"教育"这个词本身是神圣的,只是现在被异化了,"教育"这个词的前面本来是不需要加什么定语,如"新""愉快""幸福"等等,这些都是"教育"的应有之义。以后,"教育"真正回归了本意的时候,那些定语自然要消失,包括"新"教育。一席话让我汗颜,我所推进的所谓"诗性教育",不也当如此?惭愧,惭愧。

从一句话中,我看出了我与李镇西的差距。我似乎才真正认识他,瞬间便心生敬意。去年，我在东北的一所学校看到墙上贴着李镇西的教育格言，还有些疑惑、不理解，现在似乎有些明白了。到了需要补课的时候了，于是我从网上购买了李镇西的教育随笔《教育是心灵的艺术》。拿到书，先读他的代序《是否还保持着最初的童心？》，几行文字之后，我不由得惊醒地敲起了桌子。请看这段话：

  学生们陆陆续续进校了，我朝教室走去。"老师好！"一个声音响起。我没有反应，继续朝前走。"老师好！"声音大了一些，我仔细一看，是迎面而来越走越近的一个男孩发出的，他分明是在对我说。啊？原来是在向我问好啊！我赶紧很认真地大声回道："你好！"
  这是我第一次听到对我说的"老师好"，那份激动我至今还清楚地记得。因为这声问候提醒我，我已经是老师了，以后所有学生都会对我说："老师好！"那一刻，我的眼前春暖花开。

看到这里的时候，我不由得立刻想到了台湾作家张晓风的一篇文章《我交给你们一个孩子》，是写她第一天送儿子上学的情形："小男孩走出大门，返身向四楼阳台上的我招手，说，'再见'！"

李镇西是三十多年前第一次走进学校做老师，张晓风的儿子是第一天进学校，其情景，竟然被我联想到了一块儿，让我感动。张晓风说："想大声地告诉全城市的人，今天早晨，我交给你们一个小男孩，他还不知恐惧为何物，我却是知道的，我开始恐惧自己有没有交错。"然后，张晓风设想了许多种可能，会不会被马路上的车撞，会不会在以后的学校生活的日子里"哺之以糟粕"？

同样，那天的李镇西怀揣梦想，清纯、坦荡，充满美好的理想，走进了校园，面对一声声童真的孩子们的问好，充满激动。在现实功利的学校教育面前，这能坚持多久？在岁月的侵蚀下，要不了几年，会不会变成一个老道、老练、老气横秋的老师？正像张晓风那沉重的发问："世界啊，今天早晨，我，一个母亲,向你交出她可爱的小男孩,而你们将还我一个怎样的人呢?"

三十多年过去了,李镇西还是那个李镇西?还是那个走进校园,面对一切,如同面对"春暖花开"的老师吗?在代序中,李镇西又讲了一件事:"2012年,我请北京的著名小学语文特级教师王文丽老师来我校的附属小学讲课。我们刚走进校园,一群孩子看见我,便飞奔而来一边跑一边叫:'李老师,李老师……'跑近后,也没有什么事,就往我怀里钻,在我身上蹭,嘻嘻哈哈,叽叽喳喳。当时王老师说:'李老师,孩子这么喜欢你啊!你看,一见了你就直往你怀里扑啊!'"

我似乎看到张晓风的儿子,几年之后还是那个一身"童心"的孩子,而几十年的教师生涯,李镇西也仍然没有改变他的本色、本真。这是如何让我感动的一幅画面啊,一个老师,一个校长,做到了这个份上,是如何地不易?如何地可贵?这本书中,仅仅这篇代序,就足够打动我的心。

苏州是我的故乡,苏州的每一条小街小巷,我几乎都去过或记得。前两天我去了盘门吴门桥,它在苏州护城河上,本来是很冷僻的地方,如今已是人流如织的景点。感想油然而生,我随即在微信上发图片、配文字,我写道:"曾经来过,又一次停留,曾经遗忘,又见夕阳。河上有树影、人影,飞过的不管是鸟是鹰,都不会于河心留下影子。看一看风景,靠一靠栏杆,你我曾经的相望,此刻,与柔柔的美意,瞬间仍是幻影。"

我欣赏吴门桥的风景,这种感悟何尝不是我读《教育是心灵的艺术》时的心境?何尝不是我读《教育是心灵的艺术》时的感悟?当下的许多事物,改变容易,而坚守难。——对本真的坚守、对本质的坚守,不也是这样吗?而这几十年来,李镇西做老师、做校长、带学校,最可贵的是什么呢?该书第一篇文章《用童心报答童心》(写于1992年8月19日,追叙的是1985年的一件事。该书的许多篇章写于上世纪八十年代至九十年代,我现在所看的是再版,不是原有意义上的再版,而是在每篇原文后面附加了"整理时的思索、反思"),是横跨三十年的一个教师的心灵记录。李镇西在2014年6月8日整理这篇随笔留言中说道:"我最近在整理文稿时发现,'童心'是我文章中出现频率最高的词之一——读者还将在后面的文章中频繁地读到这个词。但是，这个词往往是自然而然从我笔端流出来的。"

我找到了答案！李镇西身上一以贯之、数十年坚守的就是这"童心"二字。本书的最后一篇文章是《你们是我永远的青春礼物》，写的是他参加在乐山一中教书时，所带的初中1987届"未来班"毕业20周年聚会——我一一回忆这些学生，调皮的、聪明的、懂事的、不懂事的，所有洋溢着"童心"光彩的少年形象，在文中栩栩如生。要让孩子们一辈子保留优良的品行，首先做老师的必须拥有这样的品行。

我的视线久久地停留在《让每个学生享受成功》这篇文章上，再三回味。原文写于1996年5月19日，于2014年6月10日又一次整理，并留下了"附记"："我曾让语文基础最差的学生在语文课上抄《烈火金刚》《红岩》等小说。今天整理这篇文章，我想到了当年和一群顽童打交道的日子。前不久，我和这群顽童聚会，他们已经年近而立。有一个学生对我说：'李老师，别看我们当年那么调皮，学习成绩也不是很好，但你教会了我们做人。十多年过去了，我们当中没有一个走上邪路的，我们都是善良的劳动者！'"

这直指教育的本意。直接回答了教育的目的是什么？最近，我认识了一位新疆的校长朋友，他给我发来了美丽的赛里木湖的照片，邀请我有空前往领略那魅力无限的风光。那是我的向往，可是琐事缠身，只能原地遐想。此刻，我突发奇想，那赛里木湖不正是李镇西与他的《教育是心灵的艺术》吗？于是，我写下了这首《赛里木湖》：

我在等你
我在水这边
我等了很久
只有蓝天白云

我有一匹骏马

我愿带你驰骋

我在等你

我涉水而来

为你等了好久

忧忧我心

我骑上骏马

至少你要与我跑上一程

2017年5月31日，于石湖之韵

其实,他是向学生跪着的

——我们需要精读《不跪着教书》

在我印象里,吴非是一个异常理性的人。翻开他十多年前的旧作《不跪着教书》,看到第一篇文章《永不凋谢的玫瑰》,阅读到第一段,我的眼睛就停留在那儿不动了。他讲述了苏霍姆林斯基在校园里记下的一则真事:

> 校园的花房里开出了一朵硕大的玫瑰花,全校师生都非常惊讶,每天都有许多同学来看。这天早晨,苏霍姆林斯基在校园里散步,看到幼儿园的一个4岁女孩在花房里摘下了那朵玫瑰花,抓在手中,从容地往外走。苏霍姆林斯基很想知道这个小女孩为什么摘花,他弯下腰,亲切地问:"孩子,你摘这朵花是送给谁的?能告诉我吗?"小女孩害羞地说:"奶奶病得很重,我告诉她学校里有这样一朵大玫瑰花,奶奶有点不信,我现在摘下来送给她看,看过我就把花送回来。"听了孩子天真的回答,苏霍姆林斯基的心颤动了,他搀着小女孩,在花房里又摘下了两朵大玫瑰花,对孩子说:"这一朵是奖给你的,你是一个懂得爱的孩子;这一朵是送给妈妈的,感谢她养育了你这样好的孩子。"

吴非平静地叙述,他说这个故事久久地让他感动,我何尝不是如此?我在电脑上把这段话抄下来。我感觉到这是诗,是真正的教育诗。我感觉到了温暖,感觉到了心灵的颤动,感觉到了——什么是爱,什么是爱心,什么是教育,什么是最美妙的教育,什么是诗意,什么是教育的诗意,世界上最崇高的校长在哪里，谁才是能让人一生敬仰的好老师。

请允许我以这样的方式，为此文开头。这本书最早在华东师范大学出版社出版，列为大夏书系的经典作品。本书的责任编辑，曾有一天对我说："吴非是当下中国的苏霍姆林斯基，几乎是唯一，好像很难有第二。"吴非是中国的苏霍姆林斯基，自然有中国的特点。他以这个故事为镜子，照出了我们当下教育的现实。他以此故事的前半段为材料，让学生续写，几乎没有人想到苏氏的处理态度、处理方式、处理结果。同学无非都是谴责这个采摘玫瑰花的孩子，提出要如何预防，如何教育等。于是，吴非为当下我们学校笼罩着的"道德说教"的现实忧心忡忡。

掩卷而思。从苏霍姆林斯基到吴非，对待小女孩采摘玫瑰花事件的反应，有何共同点与不同点？一致的是情怀，是面对发生在校园的一切都能捕捉到教育的契机。有爱心，因势利导，以孩子的健康成长为教育的唯一目标。苏霍姆林斯基春风化雨，在别人看来很平常、已成定论的现象、事件，在他看来，或许另有原委，他找到事物本质的意义，并升华开来。许多读者阅读《不跪着教书》，更多的是关注书中散发的那种现代教育、现代教师所应拥有的"独立的思想、人格"的气息。是的，这样理解是对的。不过，我更为他那双洞察教育、洞察学校一切的眼光所折服。谁会在阅读了苏霍姆林斯基的"玫瑰花的故事"之后，再一次深度开发，直面当下我们自己的教育？由此，我得到启发，设计一个特别的沙龙活动，让我们老师做这道题目：面对采摘下这朵大家都喜欢的、人人争相观赏的玫瑰的学生，你将怎么办？你或许会了解女孩采摘的原委，或许也会原谅她，但是，会如苏氏一样，立即又采摘下两朵送给她吗？——从而使这几朵玫瑰花"永不凋谢"？

吴非与苏霍姆林斯基一样，是一个情感异常细腻的人。书中的《感恩之心》一文，题目虽然不夺人眼球，但是文中所写的几件事情都十分感人，记载了作者曾把那几件孩子的事说给钱理群听时的情形：

> 在外地出差，晚上没事，和钱理群教授聊天，他没有孩子，却又喜

欢孩子，说："讲讲学生的事，好吗？"我说了这几件事，钱理群听着，眼圈红了，他就像个孩子一样，任泪痕挂在脸上。夜很深了，我还在说。

这是一个特写镜头。吴非与钱理群，一个说，一个听。一个平静地说，一个流着泪听。两个人无论怎样表现得不同，但内心都是一样的柔软。他们的内心为孩子们而柔软，只为孩子们而柔软。吴非描写的这一情景，在我心里定格了，朴素的白描，没有渲染，没有议论，也没有抒情，只是平静地叙述，却直抵心灵。

什么是教师？难道指的是那种"叫你干啥就干啥"的人吗？我认识的许多老教师曾经发出过共同的感慨：许多错事不是我们自己要做的，想想自己一生教书，跟得太紧，结果不得不像条变色龙一样变来变去，反而让学生笑话。因为教师是直接面对学生教学的，他也就直接地把错误教给了学生。

以上这段话，出自本书中《不要跪着读》一文，是进入吴非这本书的"通道"。进入之后，我们所看到、听到的，皆不是直接告诉你深奥的道理、最现代的教育理念；这里没有说教，如同苏霍姆林斯基面对每一天的学校生活，写下的一个又一个让我们感动不已的教育故事那样，吴非的一个个故事、一个个案例，也是他每天在学校教育生活中的所见所闻，所思所悟，很多都是细微的，或许被常人忽略、忽视的，但是作者凭着他的敏锐，捕捉到了，珍藏起来，酝酿、发酵，最后酿造成一杯又一杯、一瓶又一瓶、一桶又一桶的美酒。为什么苏氏与吴非能达到这种境界？因为他们用心、用情，面对他们的心、情，我们也只有用心、用情方能真正领会。

《不跪着教书》，是需要精读的一本书。几乎每一篇都应该好好揣摩、好好回味。假如可以把吴非称作"中国的苏霍姆林斯基"，那么，我建议在阅读吴非的作品的时候，你在身边再放上一本苏氏的书。——那是不同文化背景之下的教育高度认同，犹如天穹上两颗相互照耀的星星。苏霍姆林斯基一生都是"跪着"教书育人，把自己的一生、把自己的心、把自己的一切融入孩子、学校、教育，他是虔诚地向孩子们跪着、向学校跪着、向教育跪着。而吴非说"不跪着教书"，表达虽不一，但实质是一样的。吴非是恳求老师们不向愚昧跪着、不向世俗跪着、不向权贵跪着，但是，他对孩子满含深情、对学校满含深情、对教育满含深情，面对这一切，他是始终虔诚地跪着的，这是我读《不跪着教书》读出的蕴含。

2017 年 6 月 7 日晚，于石湖

跨过海，换一种视界

——我读窦桂梅《我的教育视界》

《我的教育视界》，作者是窦桂梅。她是清华大学附属小学的校长，一个活跃的教育界名人、名校长。我们见过几面，只是寒暄几句，从没有更多的交谈。不过，我们是微信好友。阅读她的朋友圈，我常会感动，她在用心做教育，朋友圈中的图文反映的都是她在学校鲜活的日常生活。她是一个很真诚的人，本书中呈现的许多域外教育的细节，也证明了这一点。《我的教育视界》展示给我们的河流、森林、草地，已不是我们生活中的这些事物，而是跨洋过海，到了英国、美国、乌克兰、韩国和日本。翻开书，有一种好奇、惊叹，掩卷而思，我坐在那里，静思、沉思，心与形离，渐渐进入梦中。

翻阅此书已经两天了，我一直在思索，《我的教育视界》给了我什么全新的东西？阅读此书，我们大致领略了这五个国家教育的整体风貌了吗？这些国家，还有其他国家，我也去过，为何我没有见到窦桂梅见到的东西？为什么即使我见到了，却没有窦桂梅这样的感悟？能带来思索的书都是值得看的书，值得看的书都是好书，难怪本书入选《中国教育报》2013年度"教师喜爱的100本书"。因此，我试图归纳出此书的几个特点。

英国随笔，记录的是作者2012年访英的所见所闻。2002年我也去过英国，整整相隔十年，窦桂梅笔下的英国教育对我来说，同样是陌生的。第一篇文章《学校自主·家长择校·问责制》就吸引了我。家长可以自主择校？"家长择校是英国教育的关键词。选择和多元化的重要内容。"国家推动，经过几年的推进，"实行家长择校，改变了以往公立学校高枕无忧的局面，以前是学校选学生，现在是学生选学校，这促使学校加倍重视自身的教学质量，以提高自身在社会和家长心目中的声望"。对学校的选择，本质上是对好教育、好老师的选择，不给家长好教育、好老师的选择，说明我们还没有真正进入"现代教育"。

窦桂梅不是旁观者，而是一个融入者，她说："择校"一词在中国家长心中烙下了深深的"痛"，面对被"择"校的处境，家长们忧虑心焦，寝食难安。那么，在英国，家长和学生最愿意选择什么类型的学校？最有魅力的学校又是什么类型的？

作者所问，是有责任担当的发问。在我们这里正常的，在别国那里，是不正常的。在人家那里正常的，在我们这里却不正常。窦桂梅的可贵之处在于，见到这种正常与不正常，她能够微笑着说出来，让无论什么样的读者看了都不反感。正如她在"美国教育随笔"一辑中所说"美国人的微笑、感谢与赞美"，作者在多元文化面前，出与入都十分自然，难能可贵。

> 有位校长是女性，很有亲和力，一身白衣，配上鲜艳的红领巾，甚是漂亮。她认识我们的方式也有创造性——以赞美的方式。(《美国中小学校长的倾诉与挑战》)

这何尝不是作者的自我写照？作者到美国访学，时间是 2011 年，那一年我也曾去美国二十多天，是教育部校长培训中心组织全国首期中学优秀校长高级研究班的高中校长去美国，到华盛顿、康涅狄格州、纽约等地接受培训与跟岗，向美国校长学做校长。我们同行中有清华大学附中的王殿军校长，还有毛杰、李桢、李迅、孙先亮、孙武平、李昌林、赵灿东、高玉峰、阮厚广等，我们也曾一起在海那边感受了不一样的教育气息。阅读了这一辑，我发现我们和窦校长的行程差不多，她有几张博物馆的视角图，跟我拍的也差不多。但也有不同，不同在哪里？我也写过教育访学随笔，可只写了一篇，窦校长却写了一组，一个完整的体系，从宏观到微观，从文化到教育，从社会到学校，所见所闻，我熟悉，故阅读起来十分亲切。第二辑有如下篇目:《看得见的隐性德育——有感于华盛顿的几处景观》《春天，我们的学生在做什么——有感于四月的华盛顿》《从三所学校的细节，看"以学生为本"》《美国中小学校长的倾诉与挑战》《美国教师的职业倦怠为哪般》《美国人的微笑、感谢与赞美》《赖特、海明威、乔丹风光的背后——芝加哥见闻散记》，涉及方方面面，处处有看头，处处有感悟，处处有念想，最后都聚焦于教育。

　　人与人之间、境界与境界之间的差异，往往就在这些细节之处。2008年窦校长访问乌克兰。对教育人来说，乌克兰因为有苏霍姆林斯基，显得与众不同。本书的"乌克兰教育随笔"一辑，我是一字不漏地读完的，几乎是用虔诚的态度对待这些文字的。我的虔诚，不仅是对这些文字本身，更是对这些文字所散发出来的苏霍姆林斯基的气息。最吸引我的，不仅仅是因为苏霍姆林斯基是我最敬仰、最崇拜的校长，还因为窦校长深情的文字，字字句句流淌着真情实感，满满是爱意。比如，她写帕夫雷什中学的"教师博物馆"，以及乌克兰几乎每个学校都有的"教师博物馆"，解答了为什么乌克兰能够出现苏霍姆林斯基。那里每一个老师都得到尊重，他们用过的打字机、笔、备课本、批改的作业本，每个人、每一代的都有留存。窦校长的述说，还不仅停留于此，她联想到国内许多学校只有"荣誉室"，荣誉室里更多的是挂着、摆着评比出来、上级部门颁发的种种奖状、奖牌、奖杯，这些也确实需要，但仅仅有这些够吗？什么是学校的"以人为本"？什么才是真正地把师生放在首位？窦校长留在帕夫雷什中学了，留在苏霍姆林斯基的书房了，因为她把那里的气质、气息融入了自己的气质、气息里。她很珍惜同行者李镇西给她在苏霍姆林斯基书房拍摄的一幅照片，这张照片，已经有了文化的象征意义。

　　我边读书，边进入窦校长的微信朋友圈。她最新发的是孩子们去养老院慰问老人的活动情景。孩子们融入其中，给老人们展示才华、才艺，让我感动。我的理想就是养老院应该更多地办在中小学校，生命的气息相互滋润，那是教育的最美妙的状态，那是中华文化"仁义"之根本，而"仁义"之核心，则是"爱"。让教育洋溢着爱，每时每刻都如此，成为学校的日常生活，那是理想。我们不能只说，还要看做得如何。对校长的要求，与对专家的要求不一样。窦校长的国际教育视界，是包含着她的本土情怀、优秀的传统文化内涵的，并以此为根基，体现在具体的教育实践之中。

韩国教育随笔写于2005年，日本教育随笔写于2004年。我也去过日本，看过日本的教育，却没去韩国看过韩国的教育。此两辑我只是匆匆浏览了一下。东方教育本质上差异不大，日本更精致一些而已。我已经翻到了最后一页，合上书，倒转过来，赫然是印在封底的作者的一段话：

> 我所行之记并不只是为了教育而写，是想用文字记录那段经历、留下些许记忆。有时，我对教育的记录与思考的热情远远没有超越对其他方面的好奇。比如，所到特别之处，不仅仅照一张相，我会摘下一片小叶子，拾起一块小石头作纪念。再比如，以我并不深刻的眼光，写过东渡的鉴真和尚、海明威、赖特、乔丹、莎士比亚，牛津与剑桥的区别，甚至韩国女人与日本女人的异同。这些看似跟教育没有直接关系，也许对教育有所启发。

此段文字，与我的某种信念相契合。我也以为，把握教育不能仅仅在教育内部。世界万物都是有联系的、相通的，一草一木都有教育的因缘，看事物不能只在一个地方，只是面对一个方向，我们可以走进不一样的草原、森林与河流，更可以爬上高山看天下，甚至，我们可以越过高山，走到海边去，面朝大海去想象，甚至，我们还可以跨过大海，踏上彼岸。窦桂梅是这样的人，她的视界是不一样的，有时在高处，有时在低处，天上地上，本土异域，跟着她的视界，我们的视界也会变得开阔起来，一片片无限的教育美景，进入了我们的眼底。

2017年6月10日

用细节垒筑了教育的殿堂
——朱永通其人与他的《教育的细节》

这几天我在读朱永通先生的《教育的细节》一书，书中很多观点我都很赞同。教育的境界是在细节中呈现的，特别是在不经意的细节之中呈现。如同园林，特别是苏州园林，其境界亦是从细节中呈现的，一草一木、一石一砖、一廊一楼，都是文化，都是境界。

什么是教育的细节？能给出科学、确切的定义吗？与此相联系，还有学校的细节，学校的细节与教育的细节是什么关系？我们能分得清《教育的细节》一书中所举的案例，哪些可以归于"教育的细节"，哪些可以归于"学校的细节"？教育是一个神圣的概念，或者说是一个神圣的字眼，那些美妙、美好的教育过程的"细微之处"，才能称之为"教育的细节"。那种远离教育本质的"事情""事例""事件"，已经不是教育本身。

《教育的细节》一书，引发了我对"教育细节"内涵外延的诸多思考，此外这本书还给了我诸多启发与反思。能用整整两天的时间读一本书，再用两三天的时间咀嚼，对我来说，于内心已经认同它了。学校的要素有哪些？学生、老师、课程、校园、课堂一定占有位置。学生学习的细节，老师教书的细节，课程设置、实施的细节，校园的细节……这么多细节之间的联系与关系又是什么？什么统领着它们？在所有的要素之中人是第一位的，也就是我们常说的以人为本。在学校，以人为本就是以学生、老师为本，老师与学生是第一位的。老师与学生都是第一位的，没有丝毫的区别吗？不会冲突吗？细节能够说明问题，细节能够解答出两者之间的联系、区别与可能有的冲突。

永通先生在《教育的细节》中列举了许许多多的"细节",这些细节是在学校教育过程中,或在生活中遇到的一些事情、事例。可以说,这本书是靠鲜活的事情、事例,即细节说话的。比如:

> 我曾看到某所学校的公共微信上传这样的图片:在操场上举办一大型活动,所有与会的嘉宾、领导一溜坐在椅子上,学生则排着队,一个个按序给领导鞠躬、握手。我看后,感到非常不舒服,马上下载一张民国时期的照片发给该校校长:一个小孩在学校过道上给老师鞠躬问好,一外国老师也给小孩鞠躬,且把腰弯至90°。(《你有传播意识吗》)

> 我好不容易做了一道新菜,女儿特别喜欢吃,一边吃一边夸,吃完了,还不停地问,还有吗?我特别有成就感,第二天就又炒了一大盘,没想到,女儿总是象征性地扒拉几下,好胃口无影无踪了。我特别生气:你不是喜欢吃吗?怎么剩下这么多?她恢恢说:不是昨天才吃过嘛!这个理由让我既窝火,又无奈。现在想来,我的生气毫无道理,因为女儿的理由是成立的:心理牵动生理,没了新鲜感,自然调动不了胃的消化功能,也就难有极佳的进食情绪。(《教育的节奏》)

> 我到河南郑州的艾瑞德学校听课,发现了很多温暖人心的教育行为,其中尤其令我感动的是:学生迟到,从不喊报到,而是悄悄地坐到座位上,不影响老师和同学;老师和同学也安之若素,转头见到,都是微微一笑。显然,这种迟到文化早已内化到学生的日常行为中。(《自迟到看教育文化》)

我与永通先生交往不多,只见过两次面,更多的是从他的文字中了解他。他善于观察,善于联想,能从一草一木、一言一行中,获得对教育的感悟。初次接触感觉是不苟言笑的人,再次接触才发现是热心热情的人。

我第一次与他相遇在华东师范大学校园,大夏书系与《教师月刊》召开座谈会，因我与林茶居先生相熟，在《教师月刊》上写过文章，因而作为作者参加座谈会。正是在这次会上，我认识了李永梅女士、朱永通先生等出版界的朋友。第一次参加这样的会，我小心翼翼，恭恭敬敬，带了名片，见到人，一一递上去。还带了曾经出版过的教育散文集《在这个园子里遇见你》。座谈会开得甚欢，将近结束时，永通先生来到我的座位上，递上他的名片，我赶紧站起。永通说："你的这本书我粗粗看了，假如在我们出版社出版，它的印数不只是这些。"他伸出手，与我握手，说："我们多联系。"此后一段时间，彼此无影无踪。

第二次见面，是几年之后的事情了。在弋阳的一次读书会上，李永梅社长邀请我演讲，我讲了读书与行走。我"看图说话"，把日常生活中遇到的风景、场景，拍成图片，由图而悟，悟人生、悟教育，写下一段段话，这一段段话，是我与这个世界接触、碰撞时的"对话"。由这一段段话，再提炼，最后用一句话概括我所悟得的教育信念、教育理念。讲完，我走下台，与永通相遇，他说："柳校长讲得太好了，你把你的这些'看图说话'整理一下，我来给你编一本书。"短短几句话，直奔主题，没有寒暄。说过也就说过了，我也忘了。不久，永通在微信上给我留言："我让同事给你寄去出版合同，你注意查收，认真看下。"

此刻，阅读永通的《教育的细节》，我自然地想到了我们交往的细节。人如其人，人的样子往往就是文字的样子。《教育的细节》是一本什么样的书？书的品貌，当然是由这本书的细节决定的。永通关注教育的细节，从细节看教育的境界，从细节反思我们当下的教育，从细节获得感悟改善我们的教育教学现状，其视野是那样的可贵。换一个角度，我们从《教育的细节》一书中，通过作者表达的细节，是不是还可以研究作者这个人？

永通是怎样一个人呢？直觉早就告诉我，他是一个实在的人。他严谨、执着，一旦认定了自己的方向，便不分昼夜向前奔去，有人唤他，是同道者，他会微笑，也会为之停留一阵，正直中还有点义气。此书如此结构、布局，我分明感受到，他渴望《教育的细节》中的观点、表达方式能够被大家认同、肯定,从而为当下教育的改变与进步作出自己的努力。我阅读本书,与以往的阅读有所不同,以往我总是先看"本体",再阅读序、跋。这次我先看序,本书共有四篇序,分别由周国平、张文质、陈心想、陈大伟作,所写读罢,我不仅关注这些序写了什么,还在想他们为什么这么说?永通为什么找这四个人?从中可以看到他的交往圈子、学术圈子。本书还有一个"附录"——关于本书的部分评论。评论的有三十余人,有著名编辑、知名校长、品牌老师,大学、中学、小学都有。我看出永通很"珍惜"这本书,他说,"是我留在这世界上的第一个精神的侧影"。他很虔诚,在后记中说每写一篇都会发给朱煜、木春、建云、益民、邱磊、心想等好友同道去讨教。这本《教育的细节》好比是一座教育的神圣宫殿,而四篇序无疑如同四大金刚站在门口。刚一进门,即让人产生敬畏之心,我一路忐忑地向里面走去。

这几天端午放假,正是苏州初三学生报考高中填志愿的日子,我每天都要去学校,等候家长的面对面咨询。每天去学校坐地铁,单程一次要花一个小时,我随身什么也不带,空身而行,但手里总是拿着《教育的细节》这本书。站着候车时,可以翻翻;地铁上坐着或站着,可以翻翻;到了学校,没有人来,可以翻翻。两三天下来,基本翻完了,有的章节还反复翻了几次。边翻边想,断断续续写出了上述的文字。关于本书,写评论的、写读后感的,于网上一查不计其数,我已无话可说。掩卷沉思,我的思绪又停留在书后附录中三十多位读者的评论上,这不就好像庙宇里,那些虔诚地手拿一支香、一枝花,获得了收获的得悟者恭敬地来表达敬意与谢意吗?能拥有如此"香火与鲜花"的"殿堂""庙宇",一定有着非同寻常之处,而永通先生亲手垒筑了这样的教育、学校的"殿堂""庙宇",闪射着他对教育理想的追求之光——这就是这本《教育的细节》,以及其不一般的意义。

2017年5月30日,于姑苏西花园

学校，还有精神上的喃喃自语吗？

——读王开岭《精神明亮的人》联想教育

王开岭是灵魂写作者。他用灵魂写作，在灵魂里写作。这句话有人会不太理解，我的意思是：王开岭用灵魂作笔，同时也用灵魂蘸墨，用灵魂铺开纸，写他的灵魂感悟，——展露的是他的精神世界，他读书获得的是灵魂上的感悟，是他行走在天地间灵魂中的触动，这种感悟与触动，绝不是不食人间烟火的，而是有着人间的温情、冷峻。在灵魂的长卷之中，肉体出现了，销魂、鲜活，——那是人类社会，包括历史、现实的生活场景、生命场景。

这几天，我读了王开岭的《精神明亮的人》，有话要说。他在"后记"中有这么一段话："精神的喃喃自语。常人会不会以为是一个精神病患者的自言自语？所谓常人，却是精神缺失的人。"掩卷思索。常人，是精神缺失的人，而"喃喃自语"的人常人又会以为是精神病患者。到底是谁出了问题？常人出了问题，还是"精神病患者"出了问题？

由此，我又想到了一件事。十年前，我在一次全国性的教育研讨会上演讲，到了互动环节，一位校长提问："柳校长，你知道诗人发展下去是什么结果吗？"她不等我回答，马上自我解答："或者发疯，或者自杀。"然后，会场一阵笑声。提问者是善意的提醒。常识告诉人们，诗人是不靠谱的。校长这么神圣的岗位怎么能由诗人担任？一个写诗的人，竟然当了校长，还被美誉为"诗人校长"，何其"危险"？提问者自我解答后，我补充回答道："诗人"与"疯子"有一个共同点：都要离家出走；不过，他们还是有区别的，区别在于，诗人离家了知道回家，而疯子离家了却不知道回家。这里的离家，对校长来说，就是能够离开现实一会儿，到理想中生活一阵子。所谓回家，是说不仅仅会在教育理想中畅游，还知道回到现实中来，针对现实务实又理想地办学。这个故事，能不能作为补充，解释王开岭上述那段话呢？

由此，我再一次思考"精神缺失"这个问题，包括"学校精神""教师精神""校长精神"等概念。今日之学校精神还"明亮"吗？学校的精神更多地体现在教师、校长身上，教师精神、校长精神还"明亮"吗？什么叫精神明亮？王开岭在《做一个精神明亮的人》中讲了一个故事：

> 19世纪的一个黎明，在巴黎乡下一栋亮灯的木屋里，居斯塔夫·福楼拜在给最亲密的女友写信。我拼命工作，天天洗澡，不接待来访，不看报纸，按时看日出（像现在这样）。我工作到深夜，窗户敞开，不穿外衣，在寂静的书房里……。"按时看日出"，我被这句话猝然绊倒了。

原来，所谓精神明亮的人，就是"按时看日出"的人。我们现在整天被琐事缠绕，还能看日出吗？还能按时看日出吗？有，也只是偶然。在景点作秀性地看一下，象征性地朝拜一下，能把它作为每日的必修课吗？由人想到学校，我们今日之学校，还会、还能"按时看日出"吗？我们会不会把孩子们按时看日出作为必修课、作为喜欢、作为爱好？之所以不能，是因为老师不能。为何老师不能？因为学校没有这种文化。为何学校没有这种文化？说来话长。

疏忽了自然界的"日出"，那精神上的"日出"呢？

书中有一篇文章《当她十八岁的时候》，讲的是守林员女儿的故事。她十八岁那天遇到了一位音乐大师，欣赏他的作品，竟然是给她的生日礼物。这个音乐大师原来多年前去过林子里，守林员女儿当时还是小孩子，他们相遇了，小孩子在林子里开心地陪伴了他。于是音乐家暗自决定，在小姑娘十八岁的时候，给她一件生日礼物，为她创作一件音乐作品。一个邂逅，为小女孩升起了一颗人生的"太阳"，十八岁"日出"了。读这篇文字，我似乎正在山巅感受美景喷薄而出的那一瞬间的美妙。故事是令人无法忘怀的，王开岭讲述的姿势同样是令人震撼的。

书中，除了福楼拜的日出，感动王开岭的还有一个细节——苏联作家巴乌斯托夫斯基在《金蔷薇》中引述过一位画家朋友的话：

> 冬天，我就上列宁格勒那边的芬兰湾去，您知道吗，那儿有全俄国最好看的霜……

"最好看的霜"，最初读到它时，我惊呆了。因为在我的生命印象里，从未留意过霜的差别，更无所谓"最好看"的了。但我立即意识到这霜存在，连同那投奔它的生命行为，无不包藏着一种震撼的美！一种人类童年的美、灵魂的美、艺术的美。那透过万千世相凝视它、认出它的人，应是可敬和值得信赖的。

教育最重要的是什么？是常识中的常识，但似乎我们的老师、校长忘记了，忘记得那么坦然，那么心安理得。学校还有"童真、童心、童趣"吗？最美好、最美妙、最自然、最真诚的东西没有了。学校慢慢成为一个冷漠、琐屑、功利的场所。斤斤计较分数、斤斤计较得奖、斤斤计较荣誉。满足于表演、表现、表扬。诗意丢失了、浪漫丢失了、日常的神性丢失了。

不久前，我在校园看见这样一个场景：某局长坐着轿车到学校来，临走，大家送行，局长还有七八步到汽车前，突然，校长一个箭步，抢先到了车门前，一手拉开车门，一手举起，搭成"凉棚"，躬身请局长上车。左右有许多孩子，也见到了这一幕。这很平常，在社会上司空见惯，可是在我们神圣的校园里，我总觉得不妥。一个细微的举动，一个细节的差异，会呈现出情感、思想、境界的差异。"按时看日出"、去看"最好看的霜"，与之相比较，何者是何者？这样的校长还会有精神上的"喃喃自语"吗？谁清醒？谁病了？行为层面已经如此猥琐，精神层面又当如何呢？他所领导的学校，还有灵魂可言吗？久而久之，孩子们将会怎样呢？我很疑惑。

2018年2月23日，于石湖

程红兵与阴卫东,你们更喜欢谁?
——我读程红兵《做一个自由的教师》

最近,我在读几本内容相近的教育类书籍,从中获得知识、感悟后,再来读新书,有一种视野上的突破。现在,我的案头放的是程红兵的《做一个自由的教师》一书,看了书前的作者介绍、序和第一部分"对话",突然眼睛一亮。我和程红兵相遇过,但是没有交往。关于他的经历、学问涵养、教育成就、语文教学的主张我还是知道一些的。为何看了他的介绍,会眼睛一亮?因为他是一个很有荣誉感的人。我前几天阅读《张文质说1:教师的"微革命"》,书中有这样一个观点:"一个人在体制内得到的荣誉越多,他所独立表达、发出的自己声音的可能性就越少。"(《教师的影响力从哪里来》)假如张文质的观点是可取的,那么为什么程红兵还能如此发出洪亮的声音?也是在前几天,我读了吴非的《不跪着教书》,特别认真、反复研读了其中的一篇《不跪着读》,在文中,吴非提倡有独立人格、独立精神地读书,乃至教书、做事。他的提醒,我很赞同,对待阅读,我们应该多一份质疑、反思。

阅读《做一个自由的教师》,有一种亲切感,似乎在一个清凉的傍晚,与几个朋友坐在水边,一边看风景,一边喝茶。这几个朋友中,唯有程红兵不熟悉,其他都是很熟悉的人。程红兵与我所熟悉的朋友旁若无人地聊天,时而窃窃私语,时而慷慨激昂,我只能静静地一边听,一边为他们倒水、斟茶。

书中有一篇程红兵与时晓玲的访谈,访谈前有一段时晓玲写给程红兵的书信,那时时晓玲为《中国教育报·现代校长周刊》的主编,收到程红兵写给她的一篇《南辕北辙:教育家渐行渐远》的文章,于是读后给他写了一封信,

其中有这样一段文字:

> 一口气读完"渐行渐远",有一种畅快淋漓的感觉。没错,这就是程红兵。没错,程红兵还是原来那个样:话说得实在、直白、犀利,入骨三分,甚至没想到给自己留后路。(《关于教育家成长——与时晓玲对话》)

十年来,中国教育报刊社所属的《中国教育报》《人民教育》杂志和《中国教师报》,为我们学校写了,或刊用了不少推动我们学校一路前行的文章,而时晓玲与我的长篇访谈《百年老校原来可以如此灵动》是第一篇。在那个高中教育大发展且注重外延发展的时期,这是一篇较早地提出如何因地制宜发展内涵的有很大影响的一篇文章。从此,来我们学校参观访问交流者不断。因而,时晓玲的话,我信。程红兵的这篇文字,以及引用的时晓玲对他的评说,我读起来,有一种在远方突然见到两个故乡的老朋友正迎面向我走来的感觉。熟悉又陌生,惊讶又是理所当然。我读这些文字,不是渐行渐远,恰恰是渐行渐近,程红兵的形象在我面前越来越清晰——

话说得实在、直白、犀利,入骨三分。

说得太好了。我依稀看见程红兵在论坛、沙龙、读书会、检查评估、检查反馈会等场合,没有给自己留后路的"痛快淋漓"的样子。时晓玲是高手,高手写高手,自然也是痛快淋漓。

书中还有程红兵与吴法源的访谈,与苏令的访谈,无不让我回想,我先后也曾与他们交往,还记得与他们对话的情形、情景。但是,相比之下,我们之间会内敛一些。内心即使有波涛,也会让波涛缓一缓后再表达。而程红兵不一样,几乎每一个时期,当人们热衷于某一个事物、事件的时候,他都会出其不意地提出与人不一样的,甚至是截然相对、相反的意见来。

《做一个自由的教师》一书中,程红兵与李镇西的三篇书信对话是亮点,真是精彩。三篇文章中两篇写于 1999 年，一篇写于 2000 年，能在近二十年前，就对"公开课"如此分析、质疑，对语文教学进行这样鞭辟入里的反思、批判，正如时晓玲所说："话说得实在、直白、犀利，入骨三分。"此外，对校长实行"职级制"，对培养"教育家"等热点，他也无不"话说得实在、直白、犀利，入骨三分"。比如，他说："我不希望大家空喊教育家办学的口号，我不想由政府出面评选并颁发教育家的证书。"说这话的时候是 2012 年，正是全国都在依靠政府、教育部门大张旗鼓地培养各种等级的"教育家"的时候，可见他的胆魄。

为什么程红兵能做到这个地步？因为他是一个"自由的老师"。

程红兵是一个多角色的人，教师—校长—院长—局长—校长，是他人生的轨迹。在每一个不同的职业岗位上，他都有所建树。为何？因为他是一个"自由的人"。为怕引起误解，他曾对他的"自由"作出界定。对"自由教育"，他这样说："我提倡的自由教育，不是政治意义上的自由教育，而是教育学意义上的自由教育，即心灵的自由。"什么是"自由的教师"？可不可以这样推断、理解：能够做教育学意义上的自由教育的而又心灵自由的教师。

怎么做"自由的教师"？书中有一篇程红兵的对话式演讲。那是 2011 年 9 月，在江苏句容，我当时也在场，是李斌主持的《新校长》杂志的一个教育沙龙活动。他说得慷慨激昂，让听众无不动容。他说："都喜欢搞一大堆抽象的名词、抽象的概念，让大家云里雾里搞不清楚。我喜欢把它具体化。为何不找我们身边看得见、摸得着的例子，让老师们一起来思考？"

那我们就举具体的例子来思考。在程红兵眼里，有没有"自由的教师"？有。是谁？他在序中提到了上海建平中学的一位信息技术老师阴卫东，他"身上洋溢着一种自由的情怀"，程红兵说：

> 他的兴趣点在于把孩子们领进科学的大门，让孩子们学会研究，享受发现的快乐，体验研究的成功，感受科学的魅力，这就是他最大的快乐，这就是他的兴奋点，这就是他的幸福之源。除此之外他一概没有兴

趣：他对家教没有兴趣，从来没有带过一个家教；他对所谓的课题研究没有兴趣，他没有申报过一个课题；他对撰写论文没有兴趣，除了被逼无奈写过一篇文章发表之外，再没有第二篇文章发表；他对出版专著没有兴趣，他从来没有计划出版一本个人专著，更不会把时间花在东拼西凑、复制粘贴上；他对评选优秀教师没有兴趣，你们爱评谁就评谁；他对申报特级教师没有兴趣，谁想申报谁申报，他没有时间去准备繁琐的申报材料。凡信息技术学科教学以外的东西，凡教育以外的东西都与他无关！他只对教育本身有兴趣，所谓的教育本身，就是他喜欢他的学科，因此投入了很多时间和精力，他就是喜欢学生跟着他一起玩信息技术科学，一起玩研究，或者说是在科学中玩耍，在研究中玩耍，在发现中玩耍，一种非常原始的、单纯的教育。

我之所以这样大段引用程红兵的原文，是想进一步分析，并说明一些问题。本书的序很精彩，写于 2012 年，当时作者已经到上海浦东教育发展研究院当院长，他所说的这段话，会有人认为与他的职位很不相称，因为他几乎每天都做着阴老师所不屑做的事情，更甚者他每天都管理着全浦东的老师做这些事情。假如，浦东的老师都像阴卫东，还要浦东教育发展研究院干什么？还要程院长干什么？事实情况是，程院长每天都很投入，听课、讲座、对话、写文章，忙得快乐，也忙得不亦乐乎。难怪时晓玲说："赤子之心程红兵，这是我给他的定义。"赤子，就是可爱，就是不圆滑，就是有时连自己都不能圆过去，显得幼稚、长不大。

大家可以思考一下程红兵和阴卫东，谁是更接近"一个自由的教师"的人？

2017 年 6 月 8 日上午，于西花园

教育的"天外来客"

——我读魏忠的《静悄悄的教育变革》

我与魏忠先生相遇,是巧遇。2015年秋季,江苏教育报刊社在南通举行活动,请了魏先生,也请了我。给与会者作讲座,他排在上半场,我排在下半场。我提前到场,进去会场时,魏先生正在台上慷慨陈词,讲大数据、讲数据科学。他说当下的教育,不是"情怀"的时代,而是"变量"的时代,似乎正在摆事实、讲道理。我坐在那里傻眼了:情怀,过时了?情怀是一个错误的字眼?接下来,我的讲座的题旨就是要做一个有情怀的老师。撞车了,怎么办?

中场几分钟休息后,我开始我的演说。有一点相似,我们都是站着,不用讲坛。魏先生能慷慨陈词,我为何不能?我说:我讲的关键词,即是魏先生刚才批判的"情怀"。引起一阵掌声,魏先生竟然也坐在第一排,含笑而听。从此,我们相识了,并成为朋友。一个痛斥"情怀",一个推崇"情怀",竟然能握手,成为朋友,是不是有趣、不可思议?

该书中有一篇文章是《〈岳阳楼记〉的正确打开方式——大数据与小数据》,我怀疑可能最初的本意是回答我、写给我看的,因为那天我讲了《岳阳楼记》。我说要像范仲淹一样做人、做老师,像范仲淹一样写作文,包括写高考作文,因为范仲淹是一个有情怀的人,他写的《岳阳楼记》也是一篇有情怀的文章。魏先生显然不会完全同意我的说法,一定认为我的认识太肤浅。他说《岳阳楼记》,视角与着眼点,包括话语方式,设置的语境,与我完全不一样:

时间到了北宋仁宗庆历年间,由宋太祖开创的开封操作系统已经接近崩溃，忌惮于唐末武将割据，有宋一朝重用文官，以科举和世袭高官的政策高薪养廉，在北部边疆屯兵140万抗击西北三国，不仅统兵的是文官，而且士兵和长官并无隶属关系，这保证了大宋避免出现唐藩镇割据，然而造成了一个致命的问题：这个仁宗的办公软件无法运行了，国库的内存被慵懒的士兵和世袭的冗吏占据80%，北宋这台电脑接近死机状态。

魏先生对庆历年间的政治、文化、军事一清二楚。滕子京是一个怎样的人？范仲淹写此文的真实意图是什么？对背后鲜为人知的动机、心理，以及产生的故事，他都提出了自己的想法，敢于碰撞"历史定论"。他说："很多理工科背景的人进行文科创作让人耳目一新就是因为思维模式。大数据时代，我们可以用数据思维重新审视我们的历史，会发现古人发现不了的秘密。"

确实，工科背景的魏先生发现了古人，乃至今日文科背景的人发现不了的许多秘密。滕子京是清官又是酷吏。司马光写史有功，却写坏了滕子京。岳阳楼为何物？是滕子京所建的政府形象工程。魏先生还认为：《岳阳楼记》是范仲淹与滕子京的一个关于大数据与小数据的政绩观的对话。我在这里没有必要重复文中的许多精彩。假如，读者按照魏先生的"正确打开方式"，一定会读到《岳阳楼记》一千多年来蕴含其中，却又未被人品味出来的话中之话。

魏先生说，《岳阳楼记》《枫桥夜泊》背后的"数据"，那些背后的时间、地点、缘故曲折等等的"原数据""大数据"，告诉我们的"不仅是情怀，还有对情怀的定位"。

进而，魏先生联系到当下的学校教育。他说："历史如此，教育信息技术发展的今天，每个学生留下的元数据，比学生的分数更值得注意，而针对每个学生和一群学生的物联网、云的大数据的数据科学，将变教育情怀为教育科学。"

我们都能理解魏先生吗？能一下子信服他的观点吗？面对魏忠这个人、魏忠这本书，我想说：魏忠我既熟悉，又不熟悉；魏忠是朋友，似乎又不是朋友；魏忠是教育人，又不是教育人。他是天外来客，教育的外星人，与我们太不一样了，不一样的视野、不一样的心态、不一样的行为表达表现。

南通相遇之后，我们虽然观点有些分歧，还是谈得甚欢。我们对某些教育问题、教育现象的看法惊人相似，比如对某些超级高中名校抢占资源的超常规发展等等，观点基本吻合。我不能说的，他说了，甚至我没有来得及朝深层次思考的许多问题，他都思考了。我成了他的粉丝，我希望魏先生能够去我们学校给全体老师讲课，说说他的"从情怀到变量"。他来了，那天是2015年12月16日，我在微信朋友圈里留下了这样的"日记"：

"上海海事大学经济管理学院管理科学系电子商务专业魏忠博士，来我校作专题讲座。魏博士以一种全球化的宏观视野，向老师们展现了教育大数据的巨大冲击力，阐述如何用'云与互联网思维、物联网与跨界思维、大数据与用户思维、生命信息与生态思维'来思考大数据时代的教育。魏教授生动且富有感染力的演讲，真诚恳切的现场互动，让老师们切身体会到了大数据背景下教育变革的魅力。"

他是未来来客，超越这个时代、超越这个社会，总是超前，不可思议。他语出惊人，却不得不让人信服。他不守规矩、突破规范，不按常规思考、推理、论证、得出结论。

那天，我还留下了这样的感受："魏忠的讲座确实不一样，我边听边记：不可思议成了可能，教育外面的世界正在引导教育，可是我们传统的教育内部还是茫然。走出去，才能找到自己，我们一旦走出去了，还能回来吗？""未来的人，能从我们学校中间走出去吗？魏忠是一个'外来人'，他到底是从哪里来的？我们是不是可以聘请他为发展顾问、创造力课题导师？"

他在讲座中说过这样的话："可惜，在中国还是情怀满天飞，似乎一个简单的道德性口号，就能解决问题。"此刻，我读《静悄悄的教育革命》，翻到《为什么好医生被病人用刀砍常见，而坏教师却没有——兼答李镇西先生》这一篇，正如此这般写着。

我讲情怀，他竭力排斥情怀，这个时代是缺乏情怀，还是情怀泛滥？

过了不久，魏先生又去了我的学校，我不在，他自己进去逛了一圈，还写了一首词《卜算子·十中》，即刻发给我：

云行飞鸟瘦，
包浆真容漏，
唐宋以降书读透，
振华不留皱。

草木诗意厚，
亭台山水眸，
全景江南由此即，
早有美人候。

我们学校有一块北宋花石纲遗石"瑞云峰"，魏先生很是喜欢。一百多年前这里叫"振华女学校"，是苏州十中的前身，魏先生同样很是喜欢。魏先生此诗即是咏瑞云峰、咏振华的。瑞云峰以"皱、漏、瘦、透"著名，振华女校，杨绛、何泽慧等皆是美女校友。魏先生对我们这个园子如此喜爱，为此写诗作文，如此有情怀，我能不微笑么？

在《知了，会了，懂了——场景、情节与沉浸》一文中，魏先生从乌镇、西塘讲到十中校园，他对乌镇如此把原住民迁徙而尽，颇有微词，却对我们这个织造署旧址的校园坚守连路灯都不装一盏大加赞赏。他说：

柳袁照是苏州十中的校长，16年来一直坚持在这个被称为"最中国的学校"进行"诗性教育"。苏州十中，曾是曹寅的苏州织造署西花园，学校培育了非常多的院士和杰出人才，正因如此，诗歌成为全校的一个特色。让我印象深刻的是，在这个顶级的苏州园林里，与朗朗的读书声相伴的，并没有乌镇招摇的灯光系统，而让校长非常自豪的是则是整个校园没有一个路灯。保守的坚持和一届届学生的产出，让并不注重应试的苏州十中始终位列名校，更重要的是保留了"百年学校、千年园林"内在的应有的生命。苏州织造署和学校校史馆的陈列以及院士墙让我"知了"；一本本诗集、一批一批参观者和学术交流，让很多人"会了"；刻在石头上的何泽慧的亲笔字、刻在长廊上110年所有校友的名字，让我突然"懂了"。

魏先生对瑞云峰赞不绝口，瑞云峰确是有情有义之物。他对我们的校园赞不绝口，我们的园子确是有情有义之物。"而柳袁照似乎也是大讲情怀的人，他所在的学校也是很有文化底蕴和有情趣、有情怀的地方。"可是魏先生坚持说："从情怀到变量。任何一个行业和社会分工要讲科学，更要讲情怀，然而，如果科学基础薄弱的话，情怀就会成为虚伪和效率低下的借口，教育正是这样一个行业——高尚的教师情怀是通行证，误人子弟的教师情怀也可以成为座右铭。"

魏先生说得不错，他是一个有辩证思维的人。有时我想：他如一个"天外来客"，而且是从未来的天外走来的人，可却对我们当下的教育现状了如指掌。他跨界，眼观六路耳听八方。他融合，两不相干的事物，被他糅合在一起，糅成了一个新物体。

大禹治水三过家门而不入，除了热爱工作之外，走婚制的母系社会遗迹是更大的原因。当大禹的妻子女娇化作石头后，大禹向女娇要孩子启，一声巨响，更应该理解成父系和母系争夺人口的一场战争。(《虚情未必假意——教育中的虚拟化》)

既然林语堂的《吾国与吾民》已经有一百年了、柏杨的《丑陋的中国人》有50年了、卢梭的《忏悔录》也已经数百年了。作为一个中国的教师，为什么不能代表千百万"丑陋"的中国教师，向中国的学生、中国的教育和广大的纳税人道一声"对不起"呢？(《教师是阻碍教育进步的最大力量》)

金庸的小说当然是杜撰，但在这个关于精品课程的教与学的人性系列作品中，我们可以得到以下启示：真正顶级的教师，创造课程而不是学习课程。……到处听课的老师不是好老师，一流高手收集资源却并不随便使用资源，这样做是为了保持自己体系的完整性。……全国人民都想得到的所谓精品教育资源从哲学命题上看说不定是个伪命题，真正的教育家要毁掉它。(《〈九阴真经〉精品课程中的教师作用——数字时代的信息产权》)

　　清华北大综合排名不高主要是国际生和国际化因子低，和创新毫无关系，在全球工科排名中，清华大学已经连续两次世界第一了，这也是得益于中国基础教育的落实。英国教育部对上海基础教育进行研究后得出的结论说明，是中国上海的教研体系的落实，才使得上海连续多年PISA世界第一，这是我们的骄傲，为什么要急于自残呢？(《为课堂讲落实，说句公道话》)

　　……

　　我只是在书中随意地摘抄了几段话，却涉及当下教育的方方面面。他犀利，说问题、说事、说物，入木三分。他自丑家门，自我贬低，大家说要尊师，他却说不值得。在他笔下的教师，特别是大学教师要多丑陋就有多丑陋。他对中国基础教育、美国基础教育的评价，不随大流，会说出与别人不一样的观点、看法。都说美国基础教育是如何如何的"素质教育"，他偏不这么认为。他为清华、北大说公道话，抨击当下的教育信息化。他对教育机构深入考察，理性地分析利弊。他的观点让人耳目一新，甚至石破天惊。说古道今，跨文化思维。

　　对此，我要问一下怎么办？面对魏忠这样的"天外来客"，面对他所代表的"外来人"——他们的视界、视野、视点，我们怎么办？政府教育部门怎么办？学校怎么办？教师怎么办？

2017 年 9 月 23 日，于西花园

为何钱梦龙们之后,也就没有了钱梦龙们模式?

——我读郑桂华《语文有效教学》

当下语文教学的功利化倾向越来越严重,与有效教学的主张、理念有没有关系?带着这个问题我阅读了郑桂华的《语文有效教学》。书中有一段话,吸引了我的目光。郑老师说:"也许有人把建立答题程序与应试教育画等号,认为它是机械教条、生搬硬套的东西,其实程序看上去是简单的技巧应用,但其背后却隐含着归纳能力,代表着思维方式,它是思维能力的外化。因为程序是在三年广泛阅读、语感熏陶、写作能力基础上建立起来的。方法和程序有高低之分,但方法本身、程序本身并不是僵死的。不好的方法才扼杀学生的灵性,只有无效的程序才是浪费。我们应该理直气壮地研究考试,探索应答程序,提高学习效率和复习效率,掩耳盗铃毕竟于事无益。"

现实的课堂变化之快,是任何一个时代的课堂都不能比拟的。语文界的变化尤其如此,各种主张、理念、口号,此起彼伏。郑老师这本八年前的"旧书",过时了吗?仍有价值吗?至少让郑老师欣慰的这段话没有过时,正发挥着巨大的作用。各地教科院、名师都在研究程序,将其推向极致,各种训练模式、程序相继出现。这与郑老师有没有关系?是郑老师的本意吗?

该书书名为"语文有效教学",下面还有一行字"观念·策略·设计"。打开扉页,赫然写着:华东师范大学"985工程"哲学社会科学"教师教育理论与实践"创新基地建设成果。可以看出,这应该是一部全面的、探索性的书:对当下语文教学,包括语文课堂、语文课程的所有要素、热点,以及问题,都作了系统、分门别类的阐述;关于教育技巧,特殊的语文教学技巧,诸如节奏、提问、板书等都有独到的了解，还涉及阅读教学、写作教学、网络条件下的教学、研究性学习、综合性学习和评价等，聚焦、破译，毫不吝啬地给出自己的见解，提供建设性的办法。期许是：一个老教师，读了这本书能从传统的语文教学背景之中走进现代语文教学的情景之中。它是一个通道，又是一座桥梁。一个新老师，犹如一张白纸。这本书是能让人眼睛一亮的摹本，只要按照书本所说的去做，一幅美好的语文课堂教学行走图，不久就能绘就。

庄辉明在序中说："迄今为止，大多数学科教育研究与实践者仍然尊奉的是传统原则。基于各学科自身的知识逻辑，基于教师自身所需知识的逻辑结构，以及基于基础教育阶段各学科学习的认知规律和教学策略，尝试重新构建一个全新的学科教育理论框架，仍停留在一个讨论的层面。"掩卷沉思，郑老师所提出的"语文有效教学的观念、策略、设计"，假如能从"讨论层面"走向实践，将是何等美妙？

书中提出了"职业自觉"与"专业自觉"的概念。什么叫"职业自觉"？郑老师说："教师是谋生的职业，要把书教好，做一个称职的教师，保住自己的工作，并使自己的工作得到肯定或者获得更高的回报。"什么叫"专业自觉"？郑老师说："对语文教师来说，专业自觉不是指一般的教师素养有多高（如对学生有爱心，掌握丰富的语言文学知识，背得出教育学心理学的概念，具有对文章的理解能力、流畅的表达能力以及对课堂的控制能力），而是对课程实施的理解、判断和把握。"

我敢说，当下真正达到郑老师所说的专业自觉的教师还并不多，之所以如此，与教师所在学校的校长缺乏"专业自觉"有关。很多校长正处在"职业自觉"的层面上。时间过了八年，这一点，仍处在讨论、提倡的阶段。不能不说，这是我们语文教学现实的悲哀或遗憾。

书中的观点十分鲜明，论述也很深刻。郑老师认为，一段时间，我国中小学语文教学的模式探讨异常繁荣，一些模式有很高的声誉，并在一定范围内被借鉴与推广。为什么会出现这样的现象？郑老师说："可以说，近几十年语文教学改革的繁荣局面，在很大程度上是由教学模式的探索直接支撑的。"这就很悲哀了，由模式支撑的东西会有长久的生命力吗？模式是没有个性的，在一定程度上，发挥着"规范"的作用。可是，仅仅有规范行吗？

所以，郑老师紧接着说："我们也不应该回避这样一个基本事实：这些模式似乎只有在它的诞生地才有明显的效果，一旦离开了原产地，离开了它的创始人，其效力就会大打折扣，以致消失得无影无踪。"然后，她举例说，"读读、议议、讲讲、练练"的育才模式，在段力佩校长的手里很有实效，到了继承者那里就无声无息；钱梦龙老师高举"三主四式"的旗帜，走到哪里都能把语文课上得满堂生辉，别人学却望尘莫及；"民主与科学"体系可以大面积提高自己班级的语文成绩，却不能帮助那些模仿者大面积提高教学质量。

我们想过为什么吗？这些模式有典型意义吗？语文教师普遍具有支撑这些模式的"专业自觉"吗？当下，在我身边就出现了"大语文""真语文""诗意语文"等，这是好事，但是如何健康发展？会是昙花一现吗？带着这些疑惑，我读郑老师的这本书，似乎是迷失于茫茫荒原的黑暗中，依靠手中唯有的一盏灯火寻找出路。

这是一本好书，我不停歇地在书中寻找答案。比如，如何构建语文有效教学的教材？如何充分实现教材的价值？

"用教材中的材料来帮助学生理解生活，认识自我与社会等，都会使学生的学习落到实处，进而提升学生的精神生活与审美品位。"

当下我们的语文老师有真正的有效教学设计吗？教学目标的错位、大而空、多尔杂的问题解决了吗？真正从"教"转向了"学"吗？郑老师说："教师的讲授依旧是课堂的主要风景；依然存在重'教'的逻辑，轻'学'的过程。"怎么办？郑老师在分析了正确把握"理解课程目标与文本特征的关系、协调教学活动的预设与生成的关系、把握教学内容集中与开放的关系"三组关系之后，强调："教学设计是我们教师的基本功课，好的教学设计是实施有效教学的基本功之一。学生是时时变化着的，而对学习者的分析是有效教学设计的前提，加涅也说过'设计是一个反复的过程，因此教学设计永远是一个动态的过程。"

这里的"动态"二字何其重要！由此，我进一步自问：语文的有效教学问题已经解决了吗？"有效教学"这个概念，已经离它的本意有多远？我估计，现在走到了狭路上了，即还停留在本书"高考训练宜用程序换效率"这一章节上，仅仅如此而已。我相信，这是郑老师，以及郑老师们所没有想到的。

2017 年 9 月 3 日，于石湖

致敬的同时是忏悔

——读《向经典致敬》

永通先生是一位有见地的出版人,敏锐、理智、敢说敢做。他策划的书一般都是不错的书。前不久,他在微信朋友圈里留言:《向经典致敬》已出版,有没有愿意写评点的?我接了"绣球"。书一直放在我的书桌上,早晚都会看上一眼,有空还会拿起来翻翻。一个月过去了,两个月过去了,我仍然停留在早晚看它一眼,有空翻翻。

好书是要慢慢读的,边读边咀嚼,回味,才有味道。《向经典致敬》中六位老师对话孔子、叶圣陶、苏霍姆林斯基、杜威、怀特海、洛克等六位教育先哲,似乎不匹配。六位老师虽然在当下教育界多少有些名气,但与这六位大师比起来还是"草根"。翻了几次,直觉告诉我,此书有点像深圳的"锦绣中华"公园,是天下名胜的"浓缩精华"——世界教育史上的六大景观。

不过,我对浓缩版的名胜风景总有些抵触情绪,尽管是什么全仿真,按比例缩小,却感觉会失去原有的韵味,缺少身临其境的鲜活的感受。因为是永通先生策划的书,更因为我在微信朋友圈中接过了"绣球",总要"进去"认认真真观赏一番。六位先哲,我多少是有些知道的,六位对话老师,至少有一半是我熟悉或相遇过的。不妨听听他们如何提问,如何回答,对话方式是怎样的。本书的体例分为六场对话,每场三个段落,一个讲座,一封信,一组先哲箴言。讲座是六位"草根"讲给同行听,坐在下面的听众是老师。通信,是与先哲通信。先哲有那么多著作、精辟语录,以自己的标准、喜好选择,能达到什么境界?我开始看朱煜上场,"亮相""表演"。没有想到,他站在我的面前,竟是那样的亲和，娓娓道来。他开口就说："永通兄希望我在这次活动中给大家讲讲孔子，我接受任务后就一直在想，用什么形式呈现、怎么讲，才能让二十多个老师都有发言的机会，最后决定用小组合作的方式。从刚才的课堂效果来看，我的选择是正确的。"

我与朱煜想到一起了，原来他也是这般思考的，一下子拉近了我们的距离。我与他两年前在大夏书系与弋阳教育局举行的一次读书活动中相遇，他给老师上示范课，人气很高。不过，台下却是寡言少语。现在，我看到他与孔子对话的章节，似乎坐在了他的课堂中。他与我们说孔子，就像对着他的那些孩子在说孔子。课堂上的气氛、节奏、提问、追问，如身临其境。我一直以为，真正的好课是没有标准的；标准是因人而异的，朱煜的标准，与于漪的标准就该不一样，与魏书生的标准也该不一样。一堂课哪怕都是老师一个人的声音，但是这个声音中有对孩子产生一辈子积极影响的元素，我以为这堂课就是好课。

朱煜说：我父亲在我小时候经常讲"己所不欲，勿施于人；己所欲，也勿施人"。前一句是孔子说的，后一句是朱煜的父亲补充的。朱煜说，这两句话是他阅读《论语》的一把钥匙。这何尝不是为我们大家进入《论语》提供了基本的路径和方法呢？朱煜说孔子，有许多连珠妙语，其他不说，单凭这一句，就足够证明他上的这节"孔子"是好课了。

《向经典致敬》的六场对话，场场有精彩的地方。"草根"有自己独特的视野与见解，关键是他们有实践、有经验，有自己日常教育教学中鲜活的案例。他们能现身说法，亲切、亲近，这不是象牙塔里的专家所能企及的。我喜欢这本书，不仅仅是因为书中有对六位先哲的精当的介绍、阐述，我更倾心于他们所讲的自己的故事。他们自己的故事与先哲的理论、理想，一旦结合在一起，那种形象的、有感召力的当代意义就被立刻凸显了。

《向经典致敬》中的书信对话是很有趣的，与先哲对话，某种程度上说是自言自语。不过，对话的语境创设得很真实，是灵魂与灵魂的对话，是超越时空的人类内心的独白。王木春对话苏霍姆林斯基一文中，他重点阐述了苏氏的教育民主、公平的思想，以及在苏氏眼里没有"差生"的概念。王木春在写给苏氏的信中，叙述了一件曾拷问灵魂的分班案例。他说："十九年前，我刚毕业五年，任教高二年级的'尖子班'。那年暑假，学校照例重新编班，这意味着，尖子班的少数学生将被分流到慢班。学生林东艺，数学成绩低，影响了总分，就在分流之列。他用十分漂亮的字体，写给我一封十多页的信，字里行间充斥着绝望、困惑、愤怒、哀求。我把信上呈给一位分管年级的领导，老领导看了信，说木春老师，我同情他，但我也没办法啊，上头要升学率。这位学生毕业后，杳无音讯。"

永通兄为何要组织编写这本书？是要我们记住先哲的教诲，改变当下功利的教育现实。这本书是一线老师写的，他们有切肤之痛，有真情实感，写书、读书，不是单纯的写书、读书。改变我们当下不合理、不近情理的学校教育，才是本意。他自己也做过刽子手。他在信中忏悔：

> 多年后，我也当了"分管年级的领导"，手中握有对学生的编班进行生杀予夺的权力。每年的编班，对我来说，都是一场噩梦。我总能看到不少学生（包括家长）愤怒而悲哀无助的脸——他们知道，一旦到了慢班，几乎等于学校宣判了他们高考的无望。

王木春的忏悔，不是一个人在忏悔，何尝不是我们整个教育在忏悔呢？向经典致敬，即是与某些丑恶的教育现实决裂。六位先哲的教育思想，是整个人类的精神财富，博大精深，是高山，是海洋，不是我们一下子所能领略的。六位老师也只是看到了冰山一角，但是，他们给我们作出了榜样：怎么去读书？怎么去读经典？怎么从经典中汲取改变现实的力量？除了向经典致敬，我们还应该向朱煜、王木春等所有在学校第一线默默无闻的"草根"们致敬，他们是教育的脊梁。

2017 年 5 月 25 日

真是想想要哭

——我读钱理群的《我的教师梦》《做教师真难，真好》

我的案头放着钱理群先生的两本书，一本是《我的教师梦》，一本是《做教师真难，真好》，都是华东师范大学出版社大夏书系十年前出版的"旧书"。钱先生的著作众多，为何我选读这两本？2008年9月，钱先生受他的高中同学顾敦荣先生的邀请来苏州。顾先生曾担任苏州市教育局局长十多年，我在教育局办公室待过，两人有几年曾"形影不离"。钱先生是北京大学的著名教授，研究鲁迅的知名专家，退休之后关注中小学教育、教师，时有"石破天惊"的观点出现，令人敬佩。顾先生看出我有接近名人的愿望，于是趁钱先生外出讲学之间隙，邀请他来苏州十中，给学生讲了场鲁迅，与老师座谈"什么是幸福的教师"。那两天，我陪伴二位先生左右，朝夕相处。

我们三人坐在瑞云楼的玻璃房内聊天，那时他俩也已年近七旬，却谈笑风生，一如年轻人。听他们回忆当年在南师附中的学习生活，有趣而引人入胜。《我的教师梦》是钱先生2002年退休之后在全国各地关于教师话题的演讲集，开篇的一段话却让我惊心："我现在退休了，回顾自己一生的教师生涯，真是想想要哭，很多次让你要哭，想想又要笑，很多事让你笑，这就是生活的真实，教师生活的真实。"

为何要哭？钱先生是一个很亲和的人，与人说话都是面带微笑，坐在他对面与他聊天，就如与一个和蔼的祖父或外公在闲聊，不知道"严肃"二字为何物。他乐呵呵地与你说东说西，你不笑，他倒先笑了起来。当年他在南师附中做学生的时候被叫作"大头"，六十多岁回到母校，他的八十多岁的老师还是"大头、大头"地叫他,《我的教师梦》中有此记载。钱先生大学毕业后在安顺的一所卫生学校当了十八年的中专老师。他说,那个时候有两个梦想,一个是回南京的中学母校南师附中教书,另一个是去北京大学研究鲁迅当教授。在贵州期间,教书之余他不忘阅读鲁迅,十八年之中竟然写了一百万字的读书笔记。后来,机会来了,国家恢复高考和高校研究生招生,1981年他竟然一举考上了北大的硕士研究生。留校后他曾被学生称为北大最受欢迎的教授,然后,退休。退休时,学生对他依恋、不舍。

钱先生的第二个梦想——去北大当老师——实现了,但是回南师附中教书的第一个梦想没有实现。于是,退休之后,他回母校为高中生上课。《我的教师梦》中的许多演讲我都喜欢,但最喜欢的还是2004年4月14日他在南师附中"附中论坛"上的演讲《我的教师梦》,也是在这次演讲中,他说:"我现在退休了,回顾自己一生的教师生涯,真的想想要哭。"钱先生在南师附中为高中生开设了鲁迅课程,开始有许多学生来上课,后来越来越少,坚持了一年多时间。南师附中的老师对同学说,钱教授是北大最受欢迎的人,他的课在北大是很难抢到、听到的。孩子们明白,但是他们很现实,回答说:钱教授讲的这些,高考是不会考的,等我们考上了北大,再去听钱先生的课。对此,钱先生似乎有些悲哀。他坐在那里讲这段经历,似乎是对他的高中同学顾局长说的,也是对我说的。那时听他讲这番话的时候,并未感觉到什么,此刻从书中读到,心情有些悲凉。

钱先生对"老师"的解读,有许多精妙之处。他充满童真,他的表达完全是诗意的表达。他说,老师要有"黎明的感觉"。什么叫"黎明的感觉"?"每一天都是新的生活的开始,用孩子初醒的好奇眼光和心态,去观察,倾听,阅读,思考,从而不断有新发现的冲动和渴望。"他为南师附中的学生上课,精心备课,有一种敬畏的心情,提早几天就来到了南师附中,酝酿,再一次体验中学生活和中学生生活,体验所谓的"黎明的感觉"。所以,钱先生在说了"真是想想要哭"之后,马上接着说"很多次让你要哭,想想又要笑,很多事让你笑"。

钱先生是鲁迅研究专家，鲁迅的两句名言"横眉冷对千夫指，俯首甘为孺子牛"用来形容他也很适合。这两句如可以改动一下则更好："慈眉热对小人指，俯首甘为师生牛。"我面对钱理群先生和蔼可亲的样子，怎么也不能把他与那个文字深刻、犀利的钱理群联想在一起。和蔼可亲的背后有一双睿智的、洞察力极强的眼睛。"精致的利己主义者"是他创新的一个概念，是对社会、对教育不同寻常的把握，对某一类异化了的人的典型性刻画。为什么会产生这类人？这是当下教育的悲哀。与教师有关吗？有。教师有责任，却也无可奈何。钱理群在《做教师真难，真好》中摆出更多的教育问题、教师问题后，于"后记"中写道："这就是我们所面对的问题：第一线教师主体地位与作用的丧失。在我看来，这是暴露了中国教育改革的根本问题的：它是一个自上而下的，依靠行政命令强行推动的改革运动。"

找回教师的主体地位，现在仍有意义。在该书中我看到这样的句子：传统艺人有"老老实实演戏，清清白白做人"的说法，我们也可以说，教师应当老老实实教书，堂堂正正做人。(《关于"现代教师"的几个基本理念》)说得何其好，主体地位的获得，因素很多，关系也很复杂，不过与自身能不能"老老实实、清清白白"有很大关系。虚浮，是当下一些以教改、课改名义图私利的教师的品行。

《做教师真难，真好》中有一部分是钱先生为中学老师的出版物写的序。其中几个老师我遇到过，认识。比如，陈日亮。看了钱先生对日亮老师的评价，我一下子领略到了他的风采。钱先生说："日亮老师说了一句话，很耐人寻味：语文教师应该自己感觉是一个学者，而他人则感觉他是一个诗人。前半句好理解：语文教师不仅要熟悉语言学知识，而且要对汉语有自己的独特理解与感悟；后一句我理解就是语文教师对汉语，不仅要懂，更要像诗人那样，沉迷于其间，陶醉于其间，在把玩、吟诵之中，感到极大的乐趣。"

什么是好的语文老师？从钱理群先生对陈日亮老师的评价中可以看出他的观点。他赞赏什么？他重视"现代教师"这个概念。什么是"现代教师"？就是要看有没有"主体地位"！对比日亮老师，我们可以发现当下许多老师已经缺失了"主体地位",怎么缺失的?钱先生在书中对王栋生老师(吴非)的《不跪着教书》大为赞赏。他肯定的是王栋生老师的"平常心、正常情",有人的意识和健全的情感。他肯定的是王栋生老师经常喜欢用的"我喜欢"这个词,教育的快乐能自然地流露在每天接触到的细节之中。我认为,钱先生所肯定的陈日亮、王栋生老师的特点,即是他所强调的"现代教师"的内涵之一。

乐呵呵的钱先生,既是我们陌生的,又是我们熟悉的。他对教育的见解,既是现实的,又是理想的。他的说话方式的特点之一是亲和,与中小学老师对话呈现了这个特点,与学生通信也是这个特点,十年前我与他短短两天的交流,给我的印象也是这样。

他说,在岁末的宁静里,读到你的来信,竟有一种生命的柔和感。

他说,我觉得有你这样的追求、爱与智慧的老师,学生一定是幸福的。

他说,我们的教育过于僵硬、粗鄙,致使我们的孩子生命中太缺少这样的柔和感了,我们的教育太需要爱与智慧了。

他说,出错了的不是我们的孩子,是我们的教育,是我们自己。

他说,不犯错误的孩子其实是可怕的,很多人当了一辈子的老师,都不会懂得这个道理。

他曾与一位高中生通信,说:无论条件如何艰难,一定要坚持读书,它将把你带入另一种生活,以理想之光照亮你,使你不至于为生活的灰色、黑色所吞没。

他说,有可能的话,用日记、随笔的方式,将你平时接触的各色人等,形形色色,记录下来,这既是一种宣泄,同时也是生活的印记。

钱先生没有子女,他把天下的小孩都当作自己的小孩,如父亲般地与他们说话、通话、写信,有一种感人的大爱精神。

一个人一生只做一件事,这件事做成了就是大事、奇事。钱先生一辈子只做了一件事:教书。此刻,我捧着钱先生的《我的教师梦》《做教师真难,真好》两本书,似乎回到了十年前,我坐在西花园,静静地与钱理群、顾敦荣这对老同学谈天说地,那是一份宝贵的经历。不过,此刻钱先生的一句话一直

萦绕在我的耳边,挥之不去:

  我现在退休了,回顾自己一生的教师生涯,真是想想要哭,很多次让你要哭,想想又要笑,很多事让你笑,这就是生活的真实,教师生活的真实。我们正视它,又永远摆脱不了它,形成生命的一种缠绕,而生命的真实意义就实现在这种缠绕之中。

钱先生,现在,您一切安好吗?

2017 年 6 月 3 日,于西花园

— 中编 —

美呀，在爱中找你自己

"情感女圣"朱先生

——从读朱小蔓《关注心灵成长的教育》说起

我早就知道朱先生,关注她、敬仰她,但是与先生相遇至今不过五六年时间。我见到朱先生是因为她的学生杨桂青。杨桂青是《中国教育报》的记者,2011年她采访我并撰写了文章《柳袁照:诗性教育的先行者》,刊登在《中国教育报》上。现在大家知道"诗性教育"与苏州十中有关、与我有关,其实,我们是先做事、再总结、再有概念,而且"诗性教育"这个概念不是我提出的,也不是苏州十中的任何人提出的,第一个提出的人是朱先生的弟子杨桂青。

大概是2012年,朱先生出差来苏州,杨桂青介绍我们认识。我请朱先生来十中,她踏入校园,感叹在这样一个温情、有文化底蕴的地方践行"诗性教育"太好了,于是鼓励我们。在骨干教师座谈会上,她与我们讲"道德情感教育",从源头讲起,涉及古今中外,让我们感觉"诗性教育"是有源头的,有理论支撑的,有希望的。朱先生来讲学,来之前不知道有这个"任务",是被我们"逼上讲坛"的。她不做准备,侃侃而谈,根据录音,不用整理,即是一篇从情感教育到诗性教育的论文。

我唯有敬佩,原来我们只知道在具体的学校、课堂等操作层面去做,这样的做,只是凭直觉去做,属于浅层次、零碎的。而朱先生一下子把我们领到了高处。从此,我与朱先生有了不间断的联系,不时能亲聆她的教诲。2013年1月18日,她从北京家中给我寄了三本书:《情感道德论》《关注心灵成长的教育》《教育职场:教师的道德成长》,并工整地写着:柳袁照校长雅正。朱先生弟子众多，散布于全国许多重要的教育岗位上，有作为，有建树，说起朱先生无不恭谦。惭愧无法登堂入室成为朱先生的"正宗"学生，不过，我自认是朱先生的学生。"朱门"建立了一个微信群，我竟然不知如何地混入其中，不时也会插上几句话，也没有人怪我。

我开始以为朱先生是一个理论家，总是一张严肃的面孔。我读《关注心灵成长的教育》，翻到第一篇《教育的重量与承载》，发现朱先生竟引用了智利诗人加布里艾拉·米斯特尔德的"诗句"：

> 有很多我们需要的东西
> 是可以等待的
> 孩子却不能等待
> 他的骨骼在不断形成
> 他在不断地造血
> 他的大脑在不断发育
> 对于他
> 我们不能说明天
> 他的名字叫今天

太好了，朱先生也是一个喜欢诗的人。诗是情感，教育也是情感，两者在此得以融通。第一次读本书是在 2013 年 5 月，我当时还在此处做了笔记："引用的智利诗人的这段话好，什么都可以等待，而孩子是不能等待的。"再一次翻阅，仍然有强烈的共鸣。说实话，我对情感教育的理论认知极为浅薄，不过我始终明白，中国的情感教育一定是与朱小蔓先生联系在一起的。

2015 年 11 月，"陶行知研究会"批准成立"教育与情感文明专业委员会"，朱先生亲自操劳，诚恳邀请我参与其事。那时，我就意识到"教育与情感文明专业委员会"以后一定会演变与发展成"朱小蔓教育与情感文明专业委员会"或"朱小蔓情感教育思想研究会"。朱小蔓先生创立情感教育理论、情感教育模式并带领学术团队致力于情感教育的科学实验与推广工作，足以彪炳史册。

成立大会在南通举行，朱先生作了报告。在报告中，她叙述了自己建立情感教育体系的过程、目的与方法，与其说是自我叙述，不如说是以自身为线索，阐述了我国情感教育体系发展的过程、目的与方法。我相信，这进入的是朱先生的情感教育之门，走向的却是情感教育无限丰富而美妙的天地。我还相信，这扇门也是进入中国乃至世界情感教育之门。那一天，对我们来说，是一个新的开始，是情感文明发展的新的开始。

2015年9月，我收到朱先生的一封邮件，邮件内容如下：

柳校长，你好。

现将申请报告定稿发给你，常务理事与理事拟在第一次会议上通过选举产生，这样改动更恰当些。这几天身体不好，做不了重活，给了我机会读你的大作（其中有的是此前未及细读的）。很奇怪，只要捧起书读一会儿，咳嗽立刻减轻，甚至很长一段时间完全不咳。心静下来，静极了，安静和空灵的心涌现许多画面，青山、白云、绽放的花，还有你的父母、亲人一个一个鲜活如见；风土人情、点点滴滴、轻轻巧巧、绵绵长长。你经历的生活、描写的生活是那么素净、清雅，那么真实、富有情趣，我感觉比在社会学、心理学、人类学里获得的有关人类的习俗、情感更真实、更生动、更意味深长，让人沉潜、陶醉其中，细细咀嚼。每个人都有自己的生活，我从你的生活中感受到许多自己不曾体验过的情感，当然，也从你的描述中与许多宝贵、美丽动人而深邃的情感产生共鸣。谢谢你的文学天才和敏锐细腻的情感，让我身心受益。我愈发认定邀请你来帮助我们继续情感教育的研究。拓展情感文化建设的工作，是多么重要和正确的选择。上苍总在帮我，怜惜我，知道我想做什么，只是心有余力不足了。祝你国庆愉快。

朱小蔓

收到此信，我边读边感动。她曾建议我担任"教育与情感文明专业委员会"的干事长。这怎么能行呢！最后，我竟然还是被选为副理事长。惭愧的是，我虚忝其位已经两年，未做过任何具体的事情，每当想起总是汗颜。

朱先生说："我相信，自己的研究虽然浅薄，但皆由现实关怀而生，而且，所思所想、所言所说尚能秉持一以贯之的价值立场，并且有着生命热情、生活经历和人生感悟融入其中，有一点'我写我心、抒心写真'的味道。"（《关注心灵成长的教育》自序）说得太对了，朱先生的情感道德理论是鲜活的、鲜亮的，有她自己的情感生活奠基其中。

朱先生与苏州有缘。她的父亲在1965年、1966年曾担任过苏州市副市长，主管文化教育等。2012年那天，她与我坐在瑞云楼下的玻璃房里，雨慢慢地下着，校园里似乎飘着一层层薄烟，我听她讲她父亲的故事。当年，她父亲从南京调到苏州，住在招待所里，她曾去过，在一条小巷里。1966年，她带着母亲的嘱托，独自一个人来苏州看望父亲。那个曾经去过的小巷，那个曾经住过的招待所，却没有父亲的踪影。大门紧锁着，她只能久久地坐在台阶上，等候父亲归来。远远的马路上，开来了汽车，游街队伍来了，车上站着一个低头、挂胸牌的当权派，车下人群激昂。她站立起身、跑过去，细致辨认，原来被批斗的就是她的父亲。汽车开远了，父亲去了哪里？到哪里可以找寻？不得而知。当时的朱小蔓只是读中学的小女孩，她在茫然中追赶了一阵子，最后，只能一步一步退回到那紧闭了大门的台阶上，坐着，坐着，天昏地暗，等了很久很久。

这段经历，先生总是不能忘怀。我相信对她建立道德情感理论是有帮助的。朱先生一生投身于情感教育的研究与推进，曾先后担任南京师范大学副校长，中央教育研究所（现中国教育科学研究院）所长，现担任中国陶行知研究会会长。陶行知是现代中国最伟大的教育家之一。由朱先生主导对陶行知的研究，是当下最好的选择，大名人研究伟大的人，是上苍的抉择。

"真正的道德教育更多地只能借助于各种复杂的渗透的方式完成，由此产生的影响最终将变成人的稳定的心理品质。"(《关于学校道德教育的思考》)，与朱先生平常的交往，不知不觉正经受着美妙的"道德教育"。今年八月中旬，我卸任苏州十中校长。一周后，朱先生打来电话，对我百般呵护，关心我今后有什么打算。那一刻，我心头感激、感恩的情绪、情感弥漫开来。

与朱先生虽然不是经常联系，不过心中总是牵挂。2015年11月，全国"生命教育年会"在苏州十中举行。至今已两年时间未与朱先生见面，见她整天咳嗽，且持续了好长一段时间，我为她担忧、焦虑。我曾给朱先生发邮件，"开导"她：

> 朱老师，身体好一点了吗？您是劳累所致，需静静地休息。什么也不想，什么也不做，就好。一杯茶，坐在窗前，看看天，看看云，飘来，又飘去，看看风吹过，树叶摇动的样子。这就是人生。不是写作、思考、酝酿一件新的工作才是人生。生命的意义，也在没有意义的走走、坐坐、躺躺、聊聊之中。……朱老师您的文字极佳，文学性的语言，优雅而有情感。您也写写散文吧。您写散文一定是高手，对您的身体会更好。

现在，再读这段文字略感羞愧，我竟然"开导"朱先生。不过，我是真心的，是真想让朱先生轻松一些。

这些年，朱先生曾生过几次大病，做过几次大手术，但她有着常人所不具备的意志与毅力，仍读书、奔波、做学问、演讲、组织学术、参加活动、接待来访、带研究生、提携后人，每天都要工作到瘫倒为止。每一次朱先生来苏州，她先生吴老师总是陪伴在身旁。几次接触，我与吴老师也相熟了。现在他是朱先生的"保姆"，说到朱先生，吴老师在敬佩之中，总是摇头，说她"不可救药"。

我们学校有一位校友叫沈骊英，她先是我们学校的学生，后来又回来做了老师，费孝通即是她班上的学生。沈骊英后来研发了著名的"中农28"——可以增产二三成的优良小麦品种，被人称为"麦子女圣"，是陶行知最崇拜的女性。这给了我启示：朱小蔓何尝不可以被称为"情感女圣"？她是我国情感道德教育的第一人，对情感"情有独钟"。情感在生命中的作用，情感在人的生命成长中的作用，情感在师生成长中的作用，在她的著述中阐述得完整而淋漓尽致。她的书博大精深，非用几天时间就能读完、领悟的。我断断续续读了五年，还是一知半解。不过，像"道德教育的内涵界定为'指向人的德性培养的教育'""创造一个合理、向善和健康的道德文化环境对于道德成长至关重要"等书中随处的教育警句，我却是记住了。

我坚信，通过情感教育，师生能拥有高尚的情怀，比如，家国情怀、本土情怀、悲悯情怀、诗人情怀等，这是我们的责任与使命，是我们教育人一生必须坚守的。在朱先生的"情感教育"前，"诗性教育"仅是一个实践的案例，是对"情感道德教育"在学校层面作的一个"注脚"。现在，乃自将来，我对朱先生，以及她的"情感道德教育"唯有感恩、敬仰。

2015 年 11 月 23 日初稿于西花园，2017 年 9 月 17 日完稿于石湖

为了灵魂的丰盈而阅读

——我读朱永新的《致教师》

朱先生我比较熟悉。三十年前他在苏州大学做教授，我在中学做老师，曾间接地跟着他做课题。后来他担任苏州市副市长，分管教育。我在办公室做主任，经常间接地接受他的任务，办事、办会、办文，为他的讲话、文稿、文案提供草稿。我看朱先生平易近人，没有官架子，也没有大学教授的架子，因而，缺少特别的敬畏。

《致教师》是朱先生离开苏州到北京十年之后，我专心致志阅读的第一本教育专著。读他的书，如同面对一位朝夕相处的朋友。尽管之前也读了不少，但都是零碎的。他在苏州任内，不时会带中外教育名人来我们学校，或举行活动，或参观交流。他常常自己请专家，组织教师听讲座；或开书目，鼓励一线教师读书。当时，我感觉这个市长是不是"抓小放大"了？可是这么多年过去了，事实证明，他是真正抓到了"教育工作"之根本。

有两个教育名人是朱市长（现在见了面我仍然叫他朱市长，不喜欢叫他朱主席）带到我们园子里来的。一个是高震东，他是一位出生于山东潍坊的台湾人。他创办了忠信学校，融普高与职教为一体，办学三十余年，实现了升大学、就业、没有犯罪记录三个百分之百。走在校园里，他看到一草一木都洋溢着古典的吴文化气息，停下脚步对朱市长说，你当市长不如在这里当校长自在。让我瞬间触动。另一个是李希贵，一个年富力强的人。当时他还是潍坊市教育局局长，踌躇满志，活力四射。这次我读朱先生《致教师》中的《坚守才有奇迹——如何在压力下坚守》一文，让我回忆起，那次他似乎也提醒过我，他说:"我经常对许多城市的名牌学校的校长说,你得意可以,但不要忘形,因为不是你的教学水平特别高,而是你的学生造就了你和你的学校、你的老师。说句老实话,把这些重点学校的孩子放在哪里,他们都会很好地发挥,因为在多年的教育中,他们已经养成了自我学习、自我教育、自我发展的习惯。真正见功夫的是,你要把差的学生教育好,把差的学校管理好。"

高震东校长的学校,没有得到所谓最好的教育资源(主要是生源),但是,他实现了三个百分之百。朱先生的告诫是有道理的,是对教育正义的呼唤。我相信对所有名牌学校,都会如"醍醐灌顶"。

读完这本《致教师》,我读出了三个关键词:阅读、成长、幸福。朱先生教育观的核心是教师,教师观的核心是读书。阅读、成长、幸福,是一条线,或者说是一个系统体系。教师在阅读中成长,阅读是教师灵魂层面的事。一个教师真正的成长必须拥有一个高贵的灵魂。只有拥有高贵的灵魂,且与美妙的肉身结合的人,才会真正幸福。朱先生提倡"新教育",纵观全书,结合日常的所见所闻,我以为本质就在于此。

朱先生说:"从精神发育来看,很大程度上人的精神世界由他阅读的图书塑造,读什么,你就会成为什么。读书,让我们有一个宁静的心态,从容的心情,理智的头脑,开放的胸怀。"(《站在大师的肩膀之上——如何进行专业阅读?》)

在《新教师的"吉祥三宝"》中,朱先生认为,与其参加培训,不如自己读书。他说:"现在的许多培训,要么是炒冷饭,要么是离一线老师很远,那些担任培训的老师,对中小学情况不甚了了,对一线工作更是隔靴搔痒,讲授的内容无法解决实际问题。"

说得何其好!有些地方、有些教育部门、有些学校,所谓的"培训",或者是为了完成任务,走形式;或者是"塞私货",为自己、为所谓的专家铺设功名利益的路径,大量浪费老师的时间。有的教师被"培训"牵着鼻子走,自己成了别人的容器、工具。教师要有自己的"坚守"——内心强大的"坚守"。如何"坚守"?朱先生认为就是"阅读",也就是所谓的"新教育"的"吉祥三宝"之一。如何阅读？朱先生说：

> 师生共写随笔，是教师和学生在生活中互相编织，用文字记录生命的成长。单独对教师而言，就是要求教师通过教育日记、教育故事、教育案例分析等形式，记录、反思自己的日常教育生活，使自己更自觉地成长。一个人的专业写作史，就是他的教育史。(《做一株伟大的芦苇——如何学会思考》)

思考，在阅读中思考，思考就是对话的过程，与书本对话，与前贤对话，与优秀的传统对话，甚至与自己对话，与自己的内心对话。对话是思想的过程，是产生思维新物质的过程。这样的阅读对教师来说，才是有效的阅读，才是朱先生的所谓专业阅读。由此，给我带来思索：朱先生所提倡的专业阅读与当下时尚的"教师专业发展"是什么关系？朱先生的关于教师、教师发展的理解，与我们一般意义上的理解有何根本的区别？支撑朱先生教师观的核心理论的闪光点安置在一个什么高度上？

朱先生的表达方式与当下其他"流派"，即"新教育"与"新基础教育""新学校"，有什么不同？有本质的不同吗？为何"新教育"的影响会如此之大？朱先生的文字很朴实，可为何对老师，特别是对农村、西部地区、后发地区的老师的影响如此之大？因为朱先生的教育主张切中时弊。一段时期以来，教育功利化日趋严重。学校教育就是"程序"，就是"流水线"，教师蜕化，成为程序管理员、流水线上的操作工，无丰富完整的校园生活，无美妙的教育精神生活。如此日积月累，教师的状态如何？何来幸福？

什么才是教师的幸福？朱先生说："幸福的名言妙论尽管各不相同，但基本揭示了幸福的基本特征——幸福应该是在创造中的，幸福应该是在服务中的，幸福应该是在研究中的，幸福应该是与别人分享的。教育，恰恰是具有这些共同的特征。因此，教育是让人们幸福的事业。"(《教师的幸福从哪里来？——如何享受你的教育生涯》)

阅读能让人"成长"、阅读能让教师回归幸福之门。幸福之门内，有我们的创造、有我们在服务中的快乐、有我们在教育科研中新的发现与提升，我们相互激励、相互影响、相互促进，这才是真正的教育生活、教师生活。日常的幸福，才是真正的生活。我在边阅读《致教师》时，边体悟当下我们学校自己的校园生活，在微信朋友圈里写下了这么一段话：

　　学期教职工大会，开成高三教育教学总结大会，五位老师上台发言，水平之高，可以在任何全国教育论坛上演讲，让人感动。有一个女生叫姚竹韵，初中时精神接近崩溃，成绩差，她说连任何"家教"都不愿意收她补课。这次在文科排名中获得全省三百九十六名。会前，是教职工的文娱小演，成为传统。最后一个议程，为暑期生日的老师发蛋糕，集体为他们过生日。——快乐的学校如家的日子。

　　这是不是朱先生的教师幸福观下应有的状态？放松、紧张、快乐、严肃，丰富多彩。教师大会，成为教师"专业写作"交流的平台。鲜活的案例，既能感动演讲者自己，又能感动听众，在平常中呈现出不平常。当然，我们离朱先生阐述的境界还有相当的距离，当须努力。朱先生属于"江南的山水"，是江南山水中的佼佼者、不可多得的风景。

2017年7月4日，于西花园

外表是徐志摩，内心是武松
——我读王开东《最好的老师不教书》

王开东是苏州人，还是安徽人？是城里人，还是乡村里的人？我读王开东的《最好的老师不教书》，读了几篇，就在想这些问题。我很喜欢这本书的自序《世界最后都要回到村庄》，有柔情、有诗意，又有思想，很理性。序中有一段文字，一下子吸引了我：

> 晚上我和老母亲挤在一张床上，听她唠叨。母亲老了，但很高兴，恨不得把一年来想和我说的话一股脑儿倒腾给我。有的五年前就说过，有的十年前说过，有的甚至是白天刚刚告诉我的，她都会一一想起来，然后兴高采烈地叨咕给我听。母亲高兴，我当然也高兴，就听她再讲一遍，再讲一遍。

王开东的老家在安徽省一个偏僻的乡村，他刻苦读书，离开了老家。不过，无论怎么忙，他至少每年暑假要回家一次。那是最幸福的日子，更是他母亲最幸福的日子。儿子无论长得多大，事业有多成功，在母亲眼里总是儿子、总是孩子。母子两人挤在一张床上，有说不完的话。而开东最让人感动的是：母亲无论怎样唠叨，说过的话说了一遍又一遍，白天说过的，晚上再说，刚才说过的，现在再说，他总是耐心、不嫌其烦。

我恍然明白，原来母亲和我说了那么多的做事，喋喋不休，反反复复，无非告诉我这样一个真理：我所在的那个村庄，就是整个的世界。

什么是心心相印？这就是。开东在序里还说，晚上无论多累、多疲倦，经过与母亲隔夜的这一番唠叨，第二天清晨醒来，总是气清神爽，他明白，那是他的精神之源泉。我之所以问"王开东是苏州人，还是安徽人？是城里人，还是乡村里的人？"这样的问题，因为我分不清。我与他认识，或者说熟悉，有交往。不过，我总感觉他这个人与他文字中所体悟到的人有差异，而且差异是那样的明显。

我知道开东，是八九年前在深圳。深圳外国语学校的邹晓丽老师对我说："你们苏州的王开东很不错，我请他来给我们学校的老师作过讲座。"惭愧，我当时竟然不知道有开东这个人，而开东此时已经声名远扬。后来，他被评为苏州教育的领军人才，我好像是他的面试评委，听他有条有理地陈述，听他略有腼腆而又理智地答辩，我在心里默认了他。不久，他被苏州教育局派到国家教育部去挂职，为评审国家首届教学成果奖，我与他开始有了交往。我开始读他的文章，我的直觉告诉我：这是一个不可多得的有灵气、有思想，想有一番作为的中学老师。这么秀气的一个人，平平静静、安安静静的一个人，需要多角度看他。我曾当着他的面，和朋友们一起"讨论"他像谁？还没有等朋友们回答，我自己就说了看法：像徐志摩。外表像，神情像，尽管我也不能对徐志摩的外表、神情说出一个所以然来。

现实中的开东确实是文静，还给人感觉有些腼腆。可是，读他的文字却不觉得他是这样的人。我也曾当着开东的面，问朋友们：文字里的开东像谁？不等朋友们回答，我又赶紧说出了我的答案：像武松。武松是一个什么形象的人？打虎！杀西门庆！有情有义，嫉恶如仇。开东在他的文字中给我的就是这样的一个角色形象。文笔犀利，手中如有一把手术刀，把某些消极，乃至丑陋的社会现象、教育现象，一层层地剥剔。古今中外的典故他都顺手拈来，读过的书、看过的电影，都是他的素材。他视野开阔、行文流畅，可不忘转折，凸显小高峰、小高潮，略一停顿，又顺势而去。武松的招式、拳脚、痛快淋漓，都在他的文字中。怎么也想不到现实中如此温良恭俭让的一个柔弱书生,文字竟如此刀光剑影。

翻开第一篇《魏书生的瓜子壳》,我以为是赞美魏书生的,原来他竟然在此挑战名人。说的是他参加一场观摩活动,作为专家评委听取一位老师讲案例,讲的是魏书生如何管理学生的故事:

> 在魏书生的授权之下,学生自主制定了丢一粒瓜子壳要写1000字说明书、丢一粒瓜子要写100字说明书的班规。后来有个学生触犯了这一班规,最后写了2600字的说明书。从此,班级里再也没有瓜子壳了,班级一片洁净。

这位老师津津乐道,她认为魏书生的做法十分高明。"把惩罚变成了学习,在学习中反思,在反思中成长",现场几乎是一致看好。然而,开东却说:"当初我看到魏老师的这个案例,简直不寒而栗。"他感觉,这是变相惩罚,而且伴随着戏谑、嘲弄、侮辱,比肉体的惩罚更让人心惊胆寒。

接着,开东讲了同行的教育报刊社王女士高中时发生的一件有关瓜子壳的故事:教室里发现瓜子壳,老师大怒,要吐瓜子壳的人站出来,谁也没有站出来,老师愤怒,发誓吐瓜子壳的人不站出来,不上课。于僵持之中,王女士站起来,自认是自己吐的,于是一场风波平息了。可是这个自背的"莫须有"的黑锅,一背就是二十年,沉重的阴影伴随她二十年。开东又讲了杨沫儿子老鬼与恋人分别前留下一堆瓜子壳的故事:初恋情人为了从农村进城,出卖了灵魂又出卖了肉体,临分别之时,女友告诉了他这些,两个人嗑瓜子,边嗑边说边流泪,留下了一堆瓜子壳。老鬼理解、原谅了女友,就是这堆瓜子壳,竟然温暖了老鬼一生。

面对教室里出现的一堆瓜子壳,假如是我们自己,会怎么处理?开东自己呢,他会如何处理?开东说,他会讲故事,讲瓜子壳里的青春、爱情,讲瓜子壳的叹惋、绝望、心酸、同情、悲悯。他说,他会告诉孩子们:"每一个细节都不是偶然的，都裸露灵魂和美。"

我不知道大家怎么看这件事，如何评价魏书生与王开东。或许背景不同，特别是文化背景不同，两人没有绝对的对与错。不过，我以为开东的做法更有人性，更合乎现代教育理念。他俩的教育境界或许有些高下之分，所谓仁者见仁吧。

我读书，写札记，曾武断地说过：读一本文集，遇到一篇好文章，读完，即可不再读下去了，估计以下的文章很少会超过它了。可是，今天看王开东的书，却不是这样，读了还想读。听他说故事、忆往事、谈经历，轻松有趣却又发人深省。我感慨：开东才思敏捷，他有一眼源泉，整天汩汩冒出清流，不停地流淌，形成清澈、澎湃的河流。读开东的书，如同在他的河流上行舟，看不尽的教育万象，他如同一位出色的导游，点拨人，点醒人。

读王开东的书，像与王开东面对面喝茶聊天，听他说故事。外表文静、柔弱，内心却坚定，一副英雄面目，读他的文字仿佛进入他的内心世界，与他碰撞。读到《那个时候的教育》这篇文章，听他讲在老家学校的九年教书生涯，那股淳朴之风扑面而来，斜躺的身体，不由得坐直：

> 当我离开家乡之后，老校长就退休了，新校长上任。第一件事就是到江苏洋思中学取经。从此，老家的学校就有了晚读、晚辅、默写、月考、质量分析……而这些词汇，那个时候，我从来没有听到过，也从来没有经历过。很快，我的母校升格为重点中学，但高考越来越差，桃花源失去了，母校堕落了。

何等的直率、尖锐，挥舞着武松一样的拳头，朝教育丑陋之虎身上一顿猛揍。你能想象一位像徐志摩一样的书生，竟然于大庭广众之下显出如此英雄气概？你说：开东是苏州人，安徽人？城里人，乡村人？

2017年7月28日，于西花园

不深挖、不拔高、不过度，真真切切
——我读张丽钧的文字

前两天，张丽钧校长在她的个人微信号上发了一篇旧作《摘棉花》，并留言："反复被搬上试卷的文章长啥样？长这样。"锡山高级中学校长唐江澎问道："题目呢？"她回答："没放，因为好多我也不会做。"唐继续说："做一个试题集萃，我来点评题目。"我在边上插话："我来做题目，估计都做不出。"唐随即扔给我一句话："估计是的，您的思维方式不适合做题目；阅读题不考创造力！"

张校是我所熟悉的人，在"校长班"我是一期，她是二期，她与唐校同班，所以她与唐校更亲近些。2010年暑期，一期、二期曾在苏州十中集中培训了两周，不客气地说，唐校、张校是我的学弟、学妹，虽然学问、名声远远在我之上，但见了面，只能叫我"柳兄"。所以，我们之间的对话交流，有时很"刻薄"、直率。朋友圈的问答，有自嘲，有调侃。

张丽钧校长的文字，既温情，又犀利。她敏锐，于一件小事中，能感悟出道理，而且不勉强，不牵强附会，很自然。她的文字亲近，人容易接近。她的这种接近，是多样性的：接近学生，学生喜欢看，她的许多篇文章或入选教材，或作为阅读辅助资料；接近语文，她文章中有不少典型的段落作为考试的阅读题。

引起争议、被人抨击的《门的悬念》，说的是教学楼有一扇木头门，总是被学生踢得面目全非。自从安装上玻璃门之后，这扇门再也没有被踢。文章不长，几百个字，结尾却用了一大段抒情文字：

孩子们走到门口，总是不由自主地放慢脚步。每一双手在抬起的时候，都悄悄拿掉了重量。阳光随着门扉旋转，灿灿的金子洒了少年一身一脸。穿越的时刻，少年的心感到了爱与被爱的欣幸。

　　这道门怎能不坚固——它捧出一份足金的信任，它把一个易碎的梦大胆交到孩子们手中，让他们在美丽的忧惧中学会了珍惜与呵护。

这篇写玻璃门的文字被选入了教材，众多人阅读，因而引起了人们的"探究"，提出质疑的人说："无中生有，一定是作者杜撰了一扇想象中的玻璃门。"认为这是一篇典型的虚假性文章，遭到痛打。张丽钧校长坐在玻璃门前的照片及时曝光，才打破了有些人的疑虑。而《摘棉花》讲述的是一次摘棉花的经历：小时候，表姐带着她摘棉花，表姐是如何地熟练，而自己是如何地笨拙，以致许多年过去，她都不能忘怀，只要一想到棉花地，就情不自禁，梦魂牵绕。这篇文字，有细节，有场景，倒叙、插叙、顺叙，交叉运用，曾作为某地某次考试的阅读分析题。在刊载时，张丽钧校长没有附题目，唐江澎校长在追问，我也在猜想：哪些地方可以设置题目，以便考生挖掘、分析？我注意到张丽钧在公众号上发表时，有两段文字用红笔作了标注，会不会就是在这些地方？

　　眼到手到，左右开弓，同时摘两朵棉花，指尖带了钩儿一样，轻轻一抠，棉花碗儿就溜光地见了底儿；双手各存了四五朵棉花后才一并塞进包袱……不一会，表姐的包袱就鼓起来了，怀孕一般，拿手托着包袱底，腆着肚子回到地头，把一包袱棉花倒在一个大包袱皮儿里，轻了身回来继续摘……

　　一想到身上的丝丝缕缕原是田间一朵朵被阳光喂得饱饱的花，心中就涨满暖意。

这两段文字，作者本人想表达什么？——那是张丽钧的本意。出题目的人会想到什么？——那是文字蕴含的意义，或许是作者本人都没有意识到的意义。以这两段文字出题目，一定有标准答案，而标准答案有时是远离作者本意的。

前几天，我在青岛参加一个教育论坛，听到清华附小窦桂梅校长的演讲，她有一个观点是：当下教育存在一个显著问题——过度，即过度关注、过度干预、过度焦虑。太对了，在语文教学中，对文本的过度解读，是一个普遍的大问题：过度深挖、过度拔高。张丽钧校长做不出自己文章中设置的考题，太正常了。我曾经写过一篇关于秋天的太湖的文字，记得上海中小学教师继续教育的某次考试用了我的这篇文章作为阅读题，我自己学校的语文老师下载了，让我做，我做不出，有的还做错了，一度遭到"调侃"。如今，唐江澎校长斩钉截铁地说我一定做不出，是权威的判断，因为他是苏教版语文教材的主要编写者之一，对当下的语文教学有权威的发言权，深刻、犀利、睿智，我信服。

也是在前几天，我与曹雪芹研究会的李明新秘书长相遇，闲聊《红楼梦》。说到俞平伯与龙榆生的一封信札，内容涉及对《红楼梦》的研究、评价等。我问李明新：你认为俞平伯的观点怎么样？她回答我说：俞平伯认为《红楼梦》只是一部小说。言下之意，大家过度解读了。我估计大家研究《红楼梦》，得出的结论、获得的研究成果，曹雪芹自己也做不出。今天我们高考出的那些《红楼梦》的题目，请曹雪芹来做，他会做对吗？

张丽钧校长的文字适合孩子阅读，有情怀、有情趣、有情思。题材不大，随手拾掇，但是都能通过这件事、这片天、这块地、这棵树、这朵花、这阵风，给人小小的启发、启示、启迪。真实、真切、真美。有女性的温婉，不可过度解读，她只是她，只是她自己，就是这件事、这片天、这块地、这棵树、这朵花、这阵风本身。你相信也好，不相信也好，她就在那里，本身、本色、本真地站在那里。我读《摘棉花》《门的悬念》，以及《我要以歌回报》等散文集的感受，即是如此。

2018 年 9 月 30 日，于北京至苏州的火车上

读书是幸福教师的密码
—— 我读汤勇的《致教育》

最近，收到了出版社给我寄来的几本教育类图书，一本是朱永新先生的《致教师》，还有一本是汤勇的《致教育》，似乎像姐妹篇。读完《致教师》，找一个空闲再读《致教育》。边读边想，一个县级教育局局长怎么写了那么多文章？读了那么多书？一个局长的个性会影响区域教育的特色。阆中的教育会是什么样子的？

一个心中有教师的局长会是什么样的局长？他是一个读书的局长。他是一个说真话的局长。他是一个能够认识教育本质的局长。他是一个知道什么该做什么不该做的局长。我读到下面这段话，心里直叫好。

> 教师职业精神很可贵，却充满着众多的辛酸和悲情。每年到了教师节，报纸、荧屏便会抽象并塑造出许多教师的光辉形象，带病工作、背到教室、跪着讲课、倒在讲台上、因过度劳累英年早逝。一个个凄美的教师形象，和着血泪教书育人，却让世人包括教师感受到的是职业的悲催和可怕。(《教师幸福吗？》)

这是从一个教育局长嘴里说出来的话，当许多局长热衷于树立这样的典型时，他直率、尖锐地提出了可怕的问题。

他说："教师不是苦行僧，教师也是人，教师不是神的职业，教师也是人的事业。他们需要养家糊口，需要生活生存，教师需要幸福。教师有了幸福，就会怀揣理想从事教育，就会带着激情衷情教育，就会感受到工作过程是一种享受而不是一种奴役，是一种自我实现而不是一种单纯的付出，是一种心灵写诗而不是身心的桎梏。"(《教师一定要先幸福起来》)

这些话，很平实，这些道理或许人人都懂，可贵的是一个教育局长的直言直说。许多局长几乎是传声筒，上级怎么说，他们怎么说，即使心里明白，不该说的他们也不说，展现的是一幅苍白、憔悴的面孔——我说的是精神的苍白与憔悴。而汤勇理直气壮地做教师的"代言人"，不管何时何处，都站在教师一边。他说："我越来越坚定地认为，一个教师，是否优秀不重要，是否卓越也无关紧要，而最关键的是，是否幸福，幸福永远比优秀重要。"(《幸福永远比优秀重要》)说得何其好，有多少教育管理者有此觉悟？

汤局长告诫校长："校长都是从教师干起，从教师一路走过来的，想想那时我们做教师最需要的是什么、最期盼的是什么、最讨厌的是哪些？我们最清楚，现在我们做了校长，应该怎样对待老师，我们最明白！不管任何时候，不管制订什么条条框框，不管做哪样决定，不管如何发号施令，都应该坚持将心比心，以心换心，学会换位思考，都应该带着情感和责任站在教师这边去掂量，千万不要不顾及教师的感受，千万不要目中无教师，千万不要不可一世、盛气凌人，这样我们的所有决策和安排才能带着我们最美好的'初衷'而落地。"(《以人为本，让教师具有尊严感》)

这是局长对校长的要求，一个心中有教师的局长，他又是如何忠告教师、要求教师的呢？他以身说法，要求教师多读书。他追溯本源，要求教师有爱。他以"那片红树林"为喻体，要求教师建立"学习共同体"。

"教育的秘密就蕴藏在教育者自己的内心深处，教育者需要建立个人障力，如果我们自己都不喜欢自己，甚至讨厌自己，别人能喜欢我们吗？"(《教师幸福密码》)

汤勇是一个真诚的人，真诚得往往能把话说绝对，因为他信。他信，所以也希望别人信，他说得很真诚，所以，别人往往也信了。他说：你希望成为谁，就一定要读他的书。你希望像李希贵校长那样办孩子们喜欢的学校，就应该读他的《面向个体的教育》；你希望像李镇西那样做老师，就应该读他的《爱心与教育》；你希望像于永正样那样教语文，就应该读《于永正：我怎样教语文》；你希望像吴非老师那样做一个具有家国情怀的教师，就应该读他的《不跪着教书》《致青年教师》；你希望像朱永新老师那样坚守教育理想和理想的教育，你就应该读他的《我的教育理想》《致教师》。

我读《致教育》时，留意了一下汤勇读过哪些人的哪些书。我做了一个统计，他分别引用了下面这些人的论述：

朱永新。朱先生的书他是必读的，他是朱先生的一个崇拜者。朱先生教育思想的一个核心，就是教师要读书。汤勇本质上是一个读书人，书生是他的人生底色。他大学毕业后分配到乡下学校，偏僻的校园宿舍，既是办公的地方，又是睡觉的地方。坐在桌前读书，时间久了，他脚底下竟然磨踩出两个坑、两个脚印。上级来考察，到了房间，看到了这两个脚坑，什么也没说，就把他调去了组织部。读书是他人生真正起步的地方。他的人生趣味与朱先生契合，无怪乎朱先生在序中说："这些年来，我一直见证着汤勇的成长。他不断阅读，不断反思，不断写作，让自己的每个教育日子都特别有意义，让自己的教育人生也特别多姿多彩。"（《阅读写作成就教育人生》）

曾国藩。他在本书第一讲"读书成就美好"开篇就引用曾氏的话："人之气质，由于天生，本难改变，唯读书则可变化气质。"进而说道："一个人的精神境界、一个人的内心世界、一个人的品位完全取决于他读不读书，读了多少书，都读了什么书，读书可以决定一个人的气质和面貌。"（《我对读书的认识与理解》）

曹文轩。他引用了曹文轩讲的一个故事：曹先生去鲁迅故里的一所小学给孩子们作讲座，他对孩子们说，你们这里出过一个名人，孩子们得意地说是鲁迅。然后，曹文轩说了一番话："鲁迅这个长得太一般的小老头，他如果不是一个读书人，他走在绍兴的大街上，你们也许不会拿眼睛看他一眼。可就是这个老头，在他身上有一股强大的力量和气势，这是哪里来的？那就是书本给他的。"（《我对读书的认识与理解》）

弗吉尼亚·伍尔芙。弗吉尼亚·伍尔芙是英国作家,汤勇在书中引用了她在《普通读者》中的一段话:"上帝看到腋下夹着书的读者走近时,只能转过身来,不无欣羡地对彼得说:瞧,这些人不需要奖赏,我们这里没有什么东西可以给他们,他们一生爱读书。"(《不读书,我真的没有勇气走向未来》)

费尔巴哈。费尔巴哈是一个哲学家,他同样给了汤勇理论的支撑。费尔巴哈说:"人就是他所吃的东西。"这里所说的吃的东西并不是指的物质食物,不是说人吃什么物质,他就成为什么人,而针对的是书本、精神世界,也就是精神食物。(《能给心灵放假的唯有读书》)

我仅仅把书翻到十九页,就看见汤勇在书中引用了这些哲学家、教育家、政治家、军事家、文学家的论述。这是因为他平时读书多,顺手拈来,运用自如。他做局长可以不应酬,很少出去吃饭,很少参加会议。一个特立独行的人,能被大家接受,特别是被他的领导以及管理层接受,假如没有自己的底色、没有自己的底气,如何做得到?他有这股"傲气""豪气",还是因为他读书。因为读书,让他成为一个清醒的人,成为一棵大树傲立于教育的原野。

汤局长领导下的阆中教育是什么样子的?我没有考察过阆中教育,但是我到过阆中古城。保留得原汁原味的阆中古城,让人产生遐思。无论是历史遗踪、风土人情,还是街衢商铺、门楼河埠、传统小吃无不透露出当年蜀国的样子,古风尚存。我去过阆中不久,从朋友圈里得知,中国陶行知研究会即去那里召开了会议。会长朱小蔓到场,朱先生是我十分敬仰的教育家,她认为阆中教育人且读且行、且读且思,成功破解了素质教育推进、教育均衡发展、乡村教育出路三大难题。阆中教育,被朱小蔓会长称为"陶行知生活教育在今天的一个示范和样板"。朱小蔓先生的话,我信。

2017年8月2日,于西花园

教师到了今天，竟然需要教他读书

——我读梁杰主编《读书那些事——给教师的阅读建议》之所思

书是人的精神归宿。怎样读书？是一场永恒的话题，古今中外只要是读书人，都会想这个问题。我们怎么读书？这里的"我们"有着特定的内涵，指的是当下的中小学教师。我们中小学教师怎么读书呢？

前不久，李镇西老师来苏州参加一场新书发布与阅读的活动。间隙，来看望我，还带了几位朋友。其中一位是梁杰，他是《中国教育报·读书周刊》"教师书房"版的资深编辑、记者。交谈中知道他们为了两本书而来，其中一本就是梁杰主编的《读书那些事——给教师的阅读建议》。教师是读书人，读了十几年，乃至几十年的书，读书还要有建议吗？

整整一个晚上，我斜靠着沙发读这本书。我按顺序读，第一篇是冷玉斌的《读书那么好的事》，第二篇是徐飞的《读书就是你我的呼吸》，第三篇是王木春的《书还是老的好》。三篇读完，我合起书，眼睛正视前方，前方是墙，什么也没有，不过，我似乎看到了"诗与远方"。

我给梁杰发去信息："我在读《读书那些事》，好书。它不仅仅是教育类的书，还是文学类的书。"

留言断断续续：

"这是一本充满爱的书，爱书，因而爱之中有诗意弥漫。"

"我看了不少当下的一些教育类的书，有些是所谓教育名人的书，尽管有思想，字里行间有一种思想的灵气，不过，文字不怎么样，文字的表达不怎么样，布局谋篇不怎么样，这本不一样。"

"你为何编写这本书？如何提出约稿要求的？"

当我再次打开手机的时候，看到了梁杰的回复：

"谢谢柳校长抬爱。此书是本人在做'教师书房'版编辑时，深感现在许多老师不读书、不会读书、不会选书，老师不读书，其结果是不仅害了自己，更是耽误了下一代，此中道理您作为爱书、爱学生的一校之长自然比我更明白，基于此，我以三十多年来在教育报积累的人脉资源，精选爱读书、会读书的名师，约他们写个人读书与成长的故事，并得到了名师们的响应，于是这本书就这样出炉了。"

我们继续对话：

"我把她当作文学作品在读，有一种美和享受。读有些所谓的教育专著，我说的不是经典，经典是好书，经过历史、岁月的洗礼。可是，当下人写的许多书，特别是一些名校长写的书，是不能多读的。这本书不一样，有些篇目可以当作经典名篇来读。"

"此书的缘起我在本书前言中也作了阐述。"

"有些作品比如李镇西、冷玉斌、王木春、孙贞锴的文章都值得一读。"

"朱永新老师看了我寄的书稿，也很支持，书稿寄去的第二天一早就收到了他的书序。"

说到朱永新，我有很多话可以说。我说：

"朱永新我很熟悉。当年他在苏州大学读书，与我们的教育局长、校长、老师中的许多人都曾是同学。他在苏州大学当教务处长的时候，我在苏州教育局办公室做文字工作，我们就有联系。后来他成为苏州市副市长分管教育。朱先生是一个勤勉的读书、做学问的人，每天凌晨四点起床，看书、写文章，天天如此。十多年来，曾几次对我说，加入'新教育'吧，我不为所动，尽管我很认同他的许多教育理念。他是一个不强求别人的人，这与他读书多、素养高有关，一个不读书的领导，能容忍部下如此的态度？读书使人宽厚而崇高。"

七八年前，苏拉来学校给老师讲读书。讲了许多，我都记不大清楚了，有一句话我却时常记得，她说："遇到一本好书像遇到爱一样。"从此，我以此话作为衡量我是不是遇到了好书，或者是不是真正在读好书的标准。这次我读书，有点像"遇到爱一样"，有事，放下书，不一会儿就会牵挂，事忙完，马上接着再看，又有事，再无奈放下，忙完，赶快坐下接着看。

边看，边琢磨。书中到底有什么吸引我的？我迅速写下了这样一些词语：书中有哲学、书中有教育、书中有生活、书中有生命、书中有行走、书中有情感、书中有梦想、书中有失落，书中有诗意，等等。哲学、教育、生活、生命……这些关键词就是这本书的"核心"。读书不仅是为了读书，更是为了"生活、生命、情感、梦想、诗意"。尽管如是，我边读边想，还是有疑问，读书既然这么重要，那我再问问：

"'书'重要，还是'路'重要？"

"'读书'重要，还是'行走'重要？"

"'读'重要，还是'写'重要？"

"读专业书重要，还是非专业书重要？"

"读书的起点在哪里？读书的基本问题我们是不是都解决了？什么是读书的基本问题？教师的读书与其他人的读书有什么不一样？教师要读什么书？"

如果说开始读这本书的时候，我是随意、率性地翻翻，那三篇读下来之后，我就是带着问题和思索继续阅读下去了。当下，最不可思议的是我们的学生不读书，为什么不读书？因为他们不能读书，高中就三年，时间金贵，考试不允许，高考不允许。学生不读书，还因为我们的老师更不读书，为何？考试不允许，高考不允许，上课、下课、备课、批作业、开会、带小孩、做家务、上班、下班，所剩时间无几。本该读书的，不能读了，不会读了，久而久之，如何是好？何等悲哀。

朱永新在序中说："一个人的精神发育史就是他的阅读史，一个没有阅读的学校永远不可能有真正的教育，而一个不读书的教师也很难培养出读书的学生。读书能够帮助教师拥有教育的智慧。"朱先生回答了人为什么读书，老师为什么读书，学校为什么要有朗朗的读书声——那是岁月里的春夏秋冬，一个没有春夏秋冬的岁月还是真正的岁月吗？

梁杰在前言中说："很难想象，一个没有阅读习惯的人，在离开校园后如何自我教育，持续学习。许多教师从踏入教育之门开始，就越来越不喜欢阅读，这在很大程度上是他们自身在长期的求学过程中丧失了阅读能力和阅读兴趣的结果。"

教师不读书，其原因真的只是我所说的那些客观原因吗？梁编辑提出了阅读能力与阅读兴趣丧失的问题。——田野里花草茂盛与否，仅仅是由于阳光月光雷雨风暴吗？自身的种子如何？

冷玉斌在《读书这么好的事》一文中说："苏格拉底说，未经反思的生活是不值得过的。反思就是寻找意义确认意义，未经反思，就是没有意义，没有意义的生活是不值得过的。那么意义在哪里？对每个人来说，这都是不一样的，但都是应该去思考的。而这种思考，既可以来自生活本身的历练，也可以来自阅读。"

哲学般地追问。生活的意义在哪里？生活的本质是什么？从苏格拉底开始追问，到冷玉斌还在追问。——阅读对于生活的意义，是何其让人触目惊心？

王木春在《书还是老的好》一文中说："书，无论是比作朋友，还是喻为情人，皆是妙语，但读书之事，在我看来，还是少而精为宜，'专一'更佳，并且是'老的好'，尤其人至中年以后。"

朋友观、情人观，亦是读书观。世界上能把事物当作朋友、情人的有多少？——那是生命中的生命，王先生喜欢老的书，即是喜欢经典的书。

李镇西在《把好书化作自己的灵魂》一文中说："教师应该读20%的人文科学类的书，读30%的教育学、心理学及职业知识类的书，读50%的本体性知识的书（即与所教学科本身相关的书）。这个分法也是三类，大体相当于我说的'人生的''教育的''教学的'三类书。但我认为，不同的人，三者的比例完全可以不一样。"

作为教师，则不是普通的人。作为教师的阅读，则也不是一般人的阅读。李镇西如此真诚与诚恳地说出这样具体的建议，没有一颗纯粹无私的心，能做到吗？——只有父母对子女才能说的话，他说了。

程志在《观念的"倒卖者"》一文中说："当万马齐喑的基础教育界整体性地沦为'观念的倒卖者'，我们的阅读、思考和写作，将用怎样的话语叙事来达到内心的平衡与慰藉？"

我们不仅仅是不读书，还不会读书，甚而错读书。读书不是读得越多越好，阅读进入误区，还不如不读。——深层次的阅读问题，惊心动魄。

凌宗伟在《读书人应秉持怎样的阅读伦理》一文中说："有些教师也想读一点书，但苦于书籍太多，不知道读哪些书好。今天这里推荐这几本书，明天那里推荐那几本书，今天这儿弄个好书榜，明天那儿弄个好书榜，甚至有人借着推动读书活动之名，弄个教师必读的几本书，来推销自己的书。这一来，原本想读一读的，心里犯嘀咕：究竟读哪些书呢？加之，当他们读了某人的书发现其内容不怎么样的时候，疑惑又来了，他所写的真是那么回事吗？这样的书值得耗时间去读吗？"

凌先生阅读之深度与广度，在当下教师读书群体之中，也是不可多见的。他的尖锐、敏锐和直接、直率的表达，同样是不可多见的。功利性读书，功利性推广读书，都是我们阅读中的雾霾，我们同样不得不警醒。——我们都保持了警惕心了吗？

我从哪里来？我到哪里去？是不是可以说，我从混沌中来，我向书中去？什么叫"向书中去"？——走向外部世界，也走向内心世界。成为一个真正意义上的人、真正意义上教师。

2017 年 6 月 24 日

散落于草地上的珍珠

——读李迅《俯仰》

我是李迅的校长班同学。2009 年，全国正上下一致呼唤教育家，培养教育家。我与李迅成为教育部校长培训中心首期全国优秀中学校长高级研究班的同学，集中培训与分散在各自学校实践相结合，时间跨度三年。从此，我们就是"终身的同学"，即使结业以后，也几乎天天联系，开始是短信，后来是微信，可以说，我是了解他的人，了解他的办学、他的学校；了解他的生活，甚至与他父母、夫人、姐妹都有过交流；了解他的爱好，他的一些朋友。但是，我翻开他的《俯仰》，似乎一切变得模糊起来，我才知道我对他还不是真正地了解。

李迅校长似乎是靠着自己的聪颖与勤奋，一路脱颖而出。从乡村中学，到县中，到福州一中，从老师到教务主任，到校长，从学科教学到管理。三十二岁即被评为数学特级教师，然后连续两年辅导、指导学生获得数学奥林匹克国际比赛冠军。他拿到了许多荣誉——全国先进教师、劳动模范、国务院津贴，甚至还入选中宣部"文化名家暨'四个一批'人才"、国家"万人计划"。不过，我却经常取笑他，说他是我们校长研究班少数几个没有被研究"教育思想"、被举行教育思想研讨会的人。

这是一件有趣的事。我经常为他打抱不平，到有关老师面前"嘀咕"。我们的副班主任王俭老师是一个经常有灵光闪现的人，与我是同乡，我什么话都敢与他说，我发牢骚，他两手一摊，显得无可奈何的样子。我在乎，李迅不在乎。他知道了总是说：柳兄，你干啥呢？

我曾读过他的《从游》，这是他的一本教育随笔集，也是我认识他之后读的第一本教育随笔，之前他写了不少关于数学的书，《从游》是他在校长研究班交的作业。校长研究班学员每人需要梳理自己的教育实践，从而上升到理论层面，在校长研究班把不清晰的东西凸显清晰，把零碎的串成系统。李迅大概就交了这本书当作业。这怎么行呢？一件件事、一个个小故事，仍然是零碎的、不成体系的，没有鲜明地概括他的教育思想，自然过不了关。不过，我却认为这本书挺好。出版后，我认真阅读，写了一段文字发在微信朋友圈里，我说：

> 本书是福州一中李迅所著，他曾是我校长班的同学。近五六年来我们经常联系，没想到一个数学老师写了一本属于语文老师的书。所有的篇章我都翻了一下，琳琅满目。有山水河流，有野花野草；有教育，有教学，有心灵的独语，有对世俗的嘲讽，有朋友间的私语，有像站在街头的呐喊；有数学，有语文，有散文诗，有诗词，有教育的感悟等。我最喜欢的还是斯托夫人，那些篇章中有体温，有内心的渴望与眷恋。文集最可贵之处，还是心中有学生，有与孩子们心与心的交流，并渗透自己对教育、对教学、对数学教育教学的理解。一边品着新茶，一边读他的文章，是乐趣，也是享受。

《俯仰》这本书，共有六辑，涉及学校教育、学科追求、人生趣味，从校内到校外，从国内到国外，从老师到学生，从日常课堂教学到国际奥林匹克竞赛场。没有空泛的大道理，更没有说教，生活中的点点滴滴在他心里都能荡起涟漪，收于笔下。

比如，《且辩且行，无缘大悲》写的就是一次我们在短信、微信上"吵架"的事。我说了一句："我们要培养未来的李敏华（校友、中科院院士）院士。"引发了他对我的"抨击"，他说："培养未来的李敏华就够了，为何还要加上'院士'二字？"我把争论公开发在微信朋友圈里，引发了许多人的讨论、争论，我们各自思索之后我马上写出文字，又发给他。他也写了，不过没有告诉我，直到出书，我才看见。细微之处，可见我们不一样。然而，也可窥见他的教育境界确实不一般。

《俯仰》这本书，于我而言，很亲切，他所写的一些事情，我知道，或者我也在场。全国中学生校园诗会，他是发起者之一，积极倡导，不遗余力。第三届全国中学生校园诗会在福中一中举行。他邀请了台湾诗人郑愁予，毛杰邀请了央视新闻主播海霞，隆重而神圣。诗会，是我们语文老师的事情，我以为他只是行政支持，看了本书之后，才知道他真是深入其中。一天的诗会，他却连续写了三篇文章：《无邪至性出诗肠——致"海峡听潮"第三届全国中学生校园诗会》《彩虹色显不出梦幻——"海峡听潮"第三届校园诗会随感》《生命中总有一条路适合自己——"海峡听潮"第三届全国中学生校园诗会随感》。他说："《海峡听潮——第三届全国中学生校园诗会作品选》中的白昼与黑夜，溪流与海洋，落叶与流萤，自由与背叛……似乎都像田野上的小花，多彩，并不柔弱；是蓝天中鸣叫的鸟儿，婉转，并不矫揉；又你是心田里流淌的泉水，清亮见底，并不肤浅；更是雨后的天空，一切都是那样的清新、亮丽，又韵味深长……"

一个有数学背景的校长，如此抒情、如此多情，真的是难能可贵。这本书，与其说是一本教育随笔，不如说是一个校长的日记。书的体例是按专题排列的，时间交叉，假如按时间排列，一个校长每天的所做、所想、所思，就会清晰地呈现。这本书，与其说是一个校长的工作日记，不如说是一个校长的心灵旅程。许多学校现象、教育现象，都会引发他对心灵的拷问、良知的拷问，如《灵魂永远站立着》《我们缺的是什么》《为何工作中总有遗憾》《陪你"追梦"的忧与乐》《理从疑总来》《课堂惹的"祸"》等等，俯拾皆是。

为什么苏霍姆林斯基能成为苏霍姆林斯基？因为他在帕夫雷什中学，并与之融为一体。师生之间，形影不离，心更随之。他的著述，感动我们的都是那些他日常遇到的人与事，并赋予其教育的意义。很少有鸿篇大论式的理论阐述，他的可贵在于鲜活的细节，在于以情动人，春风化雨，润物无声。

此刻，我突发奇想，假如苏氏参加了我们国内的旨在培养教育家校长的"研究班、培训班"等工程，他会是什么样子？他的《给教师的100条建议》《把整个心灵献给孩子》《学生的精神世界》《教育的艺术》等著作，一个个感人的教育案例，还是现在这个样子吗？我想到了校长的自然生态问题，自然生态当然不等同于原始生态。所谓大器不雕与玉不琢不成器，这两者如何协调？

我曾说：一个"好校长"是不说绝对的话的人，一个"好校长"是不做极端事情的人，甚至一个"好校长"是不时时处处事事争第一的人。最近我看了一些当下出版的教育书，有的人喜欢标新立异、哗众取宠；有的人像一个教育观察员，站在高处，指点江山，教别人应该这样做，不应该那样做；有的人跟着社会舆情走，以此成气候、立山头。对照这本《俯仰》的平常、淡定、坚韧，写的都是感动自己、感动别人的教育故事、案例、感悟，何不让人触动？李迅接受三年教育家培训，终没有"体系化""概念化"，是喜是忧？看问题的标准不一，很难说得清楚。不过，我为他喝彩，这些散落在地上的珍珠，在阳光下熠熠生辉，是教育美丽的景致。

2017年6月22日，于石湖

他是语文课堂上最美的"人体"

——我读肖培东《我就想浅浅地教语文》

这本"浅浅的"书,并不深奥,可是我读的时间最长,出差途中带上它,回来还没有放下。怎么概括这本书?怎么概括肖培东这个人?怎么概论肖培东的语文课?怎么评价肖培东语文课上那些专家以及他们的评介?本书最有价值的地方在哪里?似乎可以说清楚,又说不清楚。似乎书中本来就有现成的答案,但这些答案又并不完整、完美。

当我读到《斑羚飞渡》教学实录后王君老师的点评时,突然一个"意象"出现了,王君说:"这样的上法就如女子素颜出镜,无道无挡,必见真容颜、真功夫,培东真是勇敢者!"那不是"人体"吗?我去过奥斯陆的"人体公园",那里有无数美妙的"人体",铜雕的、石雕的,个体、群体,美轮美奂,进入其中,只有欣赏,无法亵玩;更会使人想起米开朗基罗的《大卫》、拉斐尔的《披纱女子像》,让人陶醉。

我有这样的体会:宁愿"上课",不愿"听课",累。因为许多课枯燥、乏味、单调、程式,激不起心中的半点涟漪。可是,我看这本肖培东的课堂实录,津津有味,如逛园林,又如看戏,有魔力般吸引人。

为何?很简单,肖培东是一个"好语文老师"。"好语文老师"的内涵有哪些?专家各有见解与说法,肖培东这个"好语文老师"与专家口中的"好语文老师"一样吗?吻合吗?好像有点像,又有点不像。很奇怪,"好语文老师"与"好语文课"有时是脱节的。有人会说,却不会做。有的专家有理念,在现实中却找不到例子。有人有语文课的理想,却找不到实践的路径。有的"名人"的来头很大，听了他的课，也不过如此。可肖老师不一样，平平常常，是一个真人，却在课堂上时常写下诗意。他的语文课就是一尊"人体"，或处在森林之中，或处在长河之下，或处在草原之上，并不作过多的雕琢，浅浅地露出笑靥，自自然然。他的课没有过多地渲染、铺垫、夸张，就是文本本身、课堂本身、语文老师本身。他的课就是三个字"听、说、读"，或许这三者就是他的语文课堂上的"天、地、人"。

　　读书，不能死读书。我读书时，有时会把自己带入进去。我也是一个语文老师，我是怎么理解语文、理解语文课、理解语文老师的？作一比较，方显差别、差距。我也是语文特级老师，我上课与肖老师上课是不能放在一起的。当下，社会上用人、选人，总以职称、荣誉为尺度，是会出问题的。评职称靠论文，对中小学来说，论文有多大意义？在一定程度上，论文评比、职称评定是"作文大赛"。肖老师的语文课给我启发：中小学教师的职称评定，首先要看课堂，并着重看日常的课堂，不花哨、不做作，只要课堂上学生真正有所得，这样的老师就该给予其应有的荣誉与职称。

　　什么叫学生课堂上真正有所得？多年前，我也研究理想的课堂。在分析了当下原始课堂、功利课堂的现实与弊端后，我曾倡导"道德课堂"与"审美课堂"，也就是对学生一生负责的那种"天人合一"的自然课堂，所谓"不做作、不雕琢、不表演、不虚假、不夸张"。我也曾从花石纲遗物"瑞云峰"的"皱、漏、瘦、透"特征中受到启发，提出课堂特别是语文课堂应该具备这样的特征。我们自己也做了一些尝试，但都不是我所理想的。看了肖培东的课堂实录，我豁然开朗，原来在肖老师那里，他的课真实呈现了"道德的境界、审美的境界"。比如，语文课的"读"被许多老师丢掉了，可在肖老师那里却得到了强化，课文什么地方该多读？哪一段？哪一句？他会让学生反复地体悟，在反复朗读中体悟情景、心情、意境。《山羊兹拉特》是这样，《孔乙己》是这样，《皇帝的新装》是这样，十六篇课文篇篇如此。每一次朗读，都如"曲折通幽"，每一次不同的朗读，都让孩子达到不同的文本境界。肖老师的语文课堂，简单、明快，不拖泥带水，不会面面俱到，单刀直入，切中要害，然后快速鸣锣收兵。"漏"掉许多东西,奇峰耸立,精干又给学生留有空间,透射出思维、审美的光彩。

肖老师是一个没有被称作诗人的诗人。我很喜欢该书每一篇课堂实录前作者的"浅浅小语",这是该书的精华,表达了作者的语文观、教学观、课堂观、质量观、学生观,不妨摘录几段:

> 把一朵花的微笑读成祝福,把一声羊的"咩"叫读成警醒,让每一粒葡萄都能背诵夏日时光的名字。浅浅的,让最真诚的你走向最清纯的眼睛。

此小语是用在《山羊兹拉特》教学实录前的"诗句",表达了他对本文本的理解,也是他上本课的审美追求:即立足文本,又洒脱而去,进而阐述课堂的理想——"走向最清纯的眼睛"。

> 从细雨下,点碎落花声
> 从微风里,飘来流水音,清浅细微
> 诗人的美
> 语文的美

这是《始得西山宴游记》课堂实录前的"小语",什么是语文的美?原来它与诗人的美是一致的。肖老师追求的语文境界,与柳宗元的《永州八记》竟有些契合。原来他的浅浅的语文,在"点碎落花声,飘来流水音"这样的境界中。细读《始得西山宴游记》教学实录,肖老师何尝不是如此追求的?

> 我们都是海边拾贝的孩子。在悠悠的海风里,我率先吹响了我的海螺,继而,孩子们也开始吹响了他们的螺号。我微笑地指向大海,所有的眼睛就都眺向大海,更深,更远……那片大海,就是语文。

孩子是真，孩子是诗。上述文字是《皇帝的新装》课堂实录前的"小语"，呈现了一幅美妙的图景：海边、贝壳、孩子、海螺，那是语文的前奏，前方即是语文："我微笑地指向大海，所有的眼睛就都眺向大海，更深，更远……那片大海"。无比地神奇，让人向往。肖老师以诗人的方式与姿态，告诉大家什么才是真正的、真实的"语文"。

教学，是信任，是唤醒，是耐心，是激励。
即使你含苞羞涩，我也依然等待。
看，春风吹拂大地，每一朵花都睁亮了眼睛。

此段是《自己的花是让给别人看的》课堂实录前的"小语"，回答了什么是"教学"。在这堂课上肖老师正是用"信任、唤醒、耐心"，来践行了自己的教学理念。

我想浅浅地教语文，甚至教成你们心里的肤浅，我相信，浅到心底的文字，纯净地堆积起来，就是高度。
我想浅浅地教语文，甚至教成你们眼里的低矮，我相信，矮到能扎根的思想，真切地凝聚起来，就是厚度。

此书名叫《我就想浅浅地教语文》，如何诠释？在十六堂课上，他淋漓尽致地进行了诠释。是否还能用凝练的诗句，作出最形象而又最美的诠释？请读上述《菩萨蛮·人人尽说江南好》课堂实录前的"小语"。语文课浅浅的，是为了孩子的心也是浅浅的。浅浅的积累，日积月累，就有了语文的高度、厚度，以及思想、情感的"高度、厚度"。肖老师终于说出了本意，浅浅的是过程，最终还是要有深度与厚度。

我也尝试浅浅地写这篇读书札记，浅浅地如流在草地上一湾溪水，不刻意,只就肖老师的实录,来感悟他这个人、他那些语文课。我看了许多听课者的"现场声音",看了许多专家的点评,都很精妙,都可信也都不足信。就像肖老师只信课文文本一样,我只在乎自身。他没有"前缀",没有"后缀",没有铺垫,也没有拓展。我的札记何尝不应该如是?尽管,我们有过一次相见,微信上也时常相遇,但肖老师与我仍然是"熟悉的陌生人",可我从十六篇教学实录中感受到了他生命的光彩与鲜活、干净利落、简洁简单,犹如一座美妙的"人体"雕像,线条流畅而又丰满,在语文的天地里熠熠生辉。

2017年10月1日,于石湖

天下爱书人的圣地：查令十字街 84 号

我坐在窗前，不经意从书架上拿下一本小书，几年前曾在旅途中看过电子版，此刻手捧纸质版，到底不一样。薄薄的一本小册子，虽不算精美，但雅致又有点怀旧的色彩。——《查令十字街84号》，一个女购书人与一个书店男店员的故事，通信二十年，两人从未谋面。等到女主人公走进书店的时候，男主人公却于数月前离开了人世。——喝一口茶，看几页书，望望天空，沉思一会儿，再写下几行字。——不正是最佳的节日享受吗？

这是一本真实的书信集，书写时，根本没有想到要发表，只是人与人之间很平常的沟通、表达，自然而不做作。女主人公叫海莲，是一个热爱旧书的纽约作家，终生未嫁，固执而幽默、善良。男主人公叫弗兰克，伦敦马克斯与科恩书店的书商，严谨、绅士而刻板，有妻女。一个卖书，一个买书，并由卖书、买书而渗透到日常生活的情感，真诚、真心、真意，一以贯之，直至生命的终了。这是什么样的情感？友情、爱情抑或亲情？

我的沉思，有结果吗？

第一封信发自纽约，收信人是伦敦查令十字街84号马克斯与科恩书店，那一天是1949年10月5日。

诸位先生：

我在《星期六文学评论》上看到你们刊登的广告，上头说你们"专营绝版书"。另一个字眼"古书商"总是令我望之却步，因为我总认为：

既然"古",一定也很"贵"吧。而我只不过是一名对书本有着"古老"胃口的穷作家罢了。在我住的地方,总买不到我想读的书,要不是索价奇昂的珍本,就是巴诺书店里头那些被小鬼涂得乱七八糟的邋遢书。

随信附上一份清单,上面列出我目前最想读而又遍寻不着的书。如果贵店有符合该书单所列,而每本又不高于五美元的话,可否径将此函视为订购单,并将书寄给我?

你忠实的海莲·汉芙(小姐)

就是这么平常,一家伦敦旧书店的广告吸引了海莲·汉芙,从这天开始,她和书店弗兰克·德尔,以及所有员工,通过书信开始了二十年的订书、买书交往,并由此而发生了许多故事。常人、常事、常理、常情,这样开始的故事会成为故事吗?会感动无数人吗?

此书被人称作"爱书人的圣经",并搬上银幕。为什么?

我只能选取几封原信来说明问题。几个月过后,即几次书信往来之后,海莲·汉芙给弗兰克·德尔的信,竟是用的这样直率的语言:

弗兰克·德尔!你在干吗?我啥也没收到!你该不是在打混吧?

利·亨特呢?《牛津英语诗选》呢?《通俗拉丁文圣经》和书呆子约翰·亨利的书呢?我好整以暇,等着这些书来陪我过大斋节,结果你连个影儿也没寄来!

你害我只好枯坐在家里,把密密麻麻的注记写在图书馆的书上。哪天要是让他们发现了,包准吊销我的借书证。

我已经叫复活节兔子给你捎个"蛋",希望它到达时不会看到你已经慵懒而死了!

春意渐浓,我想读点儿情诗。别给我寄济慈或雪莱!我要那种款款深情而不是口沫横飞的。怀亚特还是琼森或谁的,该寄什么给我,你自己动点儿脑筋!最好是小小一本,可以让我轻松塞进口袋里,带到中央公园去读。

行啦！别老坐着，快去把它找出来！真搞不懂你们是怎么做生意的！

那一天是1950年3月25日，责怪、埋怨、尖刻，容不得对方有半点辩解的机会，满纸都是霸道。单读此信，能相信他们之间是书面认识不久的"陌生人"吗？假如我遇到这样的顾客，我会怎么样？再看1952年2月9日的信。

大懒虫！

依我看若要等到你寄书来，我都不晓得要超度几回了。我不如干脆直接冲进布伦塔诺书店，有什么就买什么，不管印得多糟！

你们不妨再加记一笔沃尔顿的《五人传》到我那份"该寄而未寄"的书单里头。老实说，订这本书实在是违背了我的购书原则。我从来不买没读过的书——否则，不就像买了一件没试穿过的衣服同样下场吗？可是，这儿竟然连图书馆也借不到这本书。

要读的话倒是有。四十二大街上的分馆有一本，但，恕不外借！坐镇在柜台的女馆员用力摇了摇头，盛气凌人地说："仅供内用！"然后只准我窝在密不通风的315号阅览室里啃完整本书。既不能边读边喝咖啡，抽烟就更纯属妄想了。

没关系，反正Q多次引用这本书里的段子，所以我肯定也会喜欢它。只要是Q喜欢的，我都照单全收——小说除外，我就是没法儿喜欢那些根本不存在的虚构人物操演着不曾发生过的事儿。

你们成天都没事干吗？是不是都窝在店里头看书？何不起身做点儿生意呢？

汉芙是怎样性格的一个人？从中我们难道不能获得一点直接、鲜活的感受吗？爱书，嗜书如命。还有一种与众不同的买书原则：没有读过的书不买。经济拮据，却穷讲究，对书的版本、装帧、排版、印刷、纸张等都有讲究，以至苛求。

我不妨再引用两封弗兰克·德尔给汉芙的信，他完全是另一种性格的人。1952年2月14日，距离与海莲相识已经有几个年头了，相互之间的距离逐渐拉近。刻板的弗兰克回了一封流露情感的信：

亲爱的海莲：

　　我也十分同意，该是我们都摒弃无谓的"小姐""先生"敬称的时候了。不瞒您说，我本人实在并不像您长久以为的那样既木讷又严峻。只是我写给您的信都必须存放一份副本作为业务存档，所以我认为行礼如仪似乎比较妥当。不过，此封信既然与书店业务无关，自然无须顾虑副本、存档的问题。

　　我们百思不得其解，不明白您如何隔海变戏法，让四双丝袜无中生有。我所知道的只是：今天中午我用过午餐回到书店，就赫然发现它们已经好端端地摆在我的办公桌上，上头还附着一张写着"海莲·汉芙赠"的卡片。没有人晓得它们是什么时候或是怎么来的。女孩们都吓呆了，我晓得她们正在打主意待会儿自行写信给您。

　　有一件令人遗憾的事要向您报告：久卧病榻的乔治·马丁先生上周在医院中病逝了。他在本书店工作已有多个年头。伴随着这个噩耗。国王的猝然驾崩亦使我们此刻都笼罩在一片哀戚之中。

　　我实在不知该如何回报您对我们的不断付出。我所能做到的，只是当您确定访问英国时，橡原巷37号将会有一个房间，可供您无限期地住宿。

　　全员共祝您一切美好！

弗兰克·德尔

"人"的情感融入了，不过，这始终是柏拉图式的情感，虽真挚，始终彬彬有礼。这种温情，如清泉涌动。再次引用弗兰克·德尔写的最后一封信：

亲爱的海莲：

是的，我们依然健在，手脚也还勉强灵光。这个夏天真是把大家忙坏了，从美国、法国、北欧和其他各国来的大批观光客，几乎把我们比较好的皮面精装书全都搜刮一空。由于书源短缺，加上书价节节攀升，恐怕很难赶在您的朋友生日前找到任何奥斯汀的书，我们会设法在圣诞节之前为您办妥这件事。

诺拉和女孩儿们都很好。希拉已经开始执起教鞭；玛莉则和一位人品不错的小伙子定了亲——不过一年半载的还结不成婚，因为双方的经济条件都不太宽裕。所以，诺拉一心想当个福福泰泰的祖母，这希望恐怕愈来愈渺茫呢。

想念您

弗兰克

这一天是1968年10月16日，信中弗兰克还在庆幸自己的健在，可谁能想到，几个月后，他由于患了阑尾炎导致腹膜炎而猝然去世。距离弗兰克的死一个多月，弗兰克的夫人给海莲回了信：

亲爱的海莲：

感谢您寄来的慰问信，我完全不认为那冒犯了我。我真希望您在弗兰克在世时能够与他见面并亲自结识他本人。我原先只知道他是一个处事严谨同时也很幽默的人；现在还了解了他在待人处事上更是一位谦冲的君子，我收到许许多多来自各地的信，都异口同声地赞扬他对古书业的贡献；许多人还说他是如何饱富学识而又不吝于与其他人分享……如果您想要看这些信，我可以将它们寄给您。不瞒您说，我过去一直对您心存妒忌，因为弗兰克生前如此爱读您的来信，而你们俩似乎有许多共通点；我也羡慕您能写出那么好的信。弗兰克和我却是两个极端不同的人，他总是温和有耐性；而因为我的爱尔兰出身，我的脾气总是又倔又拗。生命就是这么爱捉弄人，他从前总是试图教导我书中的知识……我现在好想念他。孩子们都很懂事，我为此深感欣慰。像我这样要一辈子孤寂以终的人想必大有人在吧。希望您能原谅我的字迹潦草。

祝福您

诺拉

我盼望有一天您还是能来造访我们，两个孩子都很想见见您。

这是一个怎样赞赏都不为过的女子，如此深明大义，如此令人尊敬。"我原先只知道他是一个处事严谨同时也很幽默的人；现在还了解了他在待人处事上更是一位谦冲的君子"，诺拉说得对，说得准确。她说得诚恳，"不瞒您说，我过去一直对您心存妒忌，因为弗兰克生前如此爱读您的来信，而你们俩似乎有许多共通点；我也羡慕您能写出那么好的信"，诺拉的识大体，几乎就是一种高尚的境界。

我从诺拉的态度，来看弗兰克与海莲的关系。这种店商与顾客之间的关系，是什么关系？今天还有吗？以后还会有吗？心灵与情感的交流，是那样的直接、直率又温情、持续。以今天的眼光看，有人或许认为不正常、荒诞，然而书缘连接情缘，其光芒是掩藏不住的。书信集被译成数十种文字流传，广播、舞台和银幕无不钟情于它，虽然书店关闭了，但那个查令十字街84号已经成为全球爱书人的一个圣地。假如，今后有机会再踏上伦敦的土地，什么地方都可以不去，查令十字街84号一定要去。

窗外是江南早秋的阳光，窗内也是阳光，读《查令十字街84号》，越发让我内心多了一份温情。节假日外出行走，是肉身在路上，宅在家中捧着一本书静静地阅读，何尝不是灵魂在路上。

2018年10月3日，于双湖湾

啊,美呀,在爱中找你自己吧

——我读亚米契斯《爱的教育》

"如果错过了太阳时你流了泪,那么你也要错过群星了",这是泰戈尔《飞鸟集》中的诗句。我读亚米契斯《爱的教育》时,自然想到了它。如果我们错过了《爱的教育》,一定会流泪。一个老师,假如没有读过《爱的教育》,那他也一定会错过真正的教育。

我读《爱的教育》时还会想到苏东坡。苏东坡说过,到苏州不游虎丘,乃憾事也。一个老师,不读《爱的教育》,也"乃憾事也"。我还想进一步引申,再次来苏州,不再游虎丘,仍"乃憾事也"。好风景,会让人流连忘返;好地方,常来常新。好风景、好地方,之所以会让人流连忘返、常来常新,因为有内在、有无穷无尽的魅力。《爱的教育》是一本教育类经典书,作者埃德蒙多·德·亚米契斯(1846—1908),意大利作家。他当过兵,参加过抗击奥地利侵略的民族解放战争,战争胜利后,退伍从事教育工作。《爱的教育》,讲述了一个叫安利柯的四年级小男孩的成长故事,全书以日记体的形式来叙述,将"爱的教育"融入其中。

> 小花问道:"我要怎样地对你唱,怎样地崇拜你呢,太阳呀?"
> 太阳答道:"只要用你的纯朴的简朴的沉默。"(《飞鸟集》)

读这本《爱的教育》,我会不时地联想到泰戈尔,联想到他的诗,那种爱的气息从文字间弥散到天地间,让人沐浴在爱的光彩之中。《爱的教育》是一个世界，小而言之，是一个教育的世界，大而言之，是整个世界。

本书以月份为单元，"每月故事"，是书中穿插的意大利抗击奥地利侵略战争中的故事，都是动人的让人流泪的故事。爱国主义是一以贯之的主题。所谓"爱"，爱祖国是第一位的。这样的爱，贯穿在书中每一个故事、每一篇日记中，让读者激动不已。

第一个故事是《帕多瓦的小爱国者》，讲述了一个受尽苦难的孩子被人们同情，他接受了人们的"怜悯"，大家给了他许多钱，但是当他听到酒后的这些人在说他的祖国意大利的坏话、侮辱他的祖国时，"小硬币一阵暴风雨一般哗啦哗啦地落在他们的脑袋上和肩膀上，落到桌子上和地板上"。当这几个人一怒之下站起身来，抬头望去，脸上却又挨了帕多瓦的另一把铜币。"把你们的钱拿回去！"他轻蔑地说道。他猛地把头从铺位的帘子中间伸出来，"我不接受侮辱我的祖国的人的施舍！"

第二个故事是《伦巴第的小哨兵》。一个可爱、活泼的小男孩，本来可以逃走活命，为了放哨，却留了下来爬到树上去察看敌情。子弹呼啸而过，小男孩本来可以避开，但为了察看得更清楚，他一次次暴露自己的身体，最后被子弹穿进了左肺，牺牲了。

第三个故事是《佛罗伦萨的小抄写员》，第四个故事是《撒丁岛的击鼓少年》，第五个故事是《爹爹的护士》，第六个故事是《费鲁乔的血》……这些故事，均取材于作者所经历的抗奥战争，可歌可泣。这些故事，本身就是一个系列，是这一年作者所接受到的爱国主义教育，看似不经意，其实是一门完整的课程。

"爱就是充实了的生命，正如盛满了酒的酒杯"（《飞鸟集》），这些小故事是对泰戈尔的诗的最好诠释。

爱的教育，首先在于老师。在孩子眼里什么样的老师才是好老师？——值得依赖、值得敬仰、值得爱的老师。一百多年过去了，似乎没有变，今天孩子们仍然持这个标准，孩子们眼里透出的期盼、渴望，仍然是纯真、朴实的。民族不同、国度不同，这种情感却是一脉相承的。书中《我们的老师》《我弟弟的女老师》《女老师们》《助理老师》《生病的老师》《我父亲的老师》等,描写了一系列不同性别、不同年龄、不同性格、不同经历的老师,但爱是他们共同的特点,只是表达方式各有不同。

《我父亲的老师》一文,写得可谓是让人一赞三叹。父亲得知自己的老师还健在,第二天要去看望他,竟然一个晚上没有睡着,期待、激动,无以言表。老师八十多岁了,现在自己的年龄到了当年老师的年龄,那种情感,如同对父母的情感。经过旅途的奔波,终于即将见到自己的老师,远远地有一个人走来,模糊、看不清楚,可是父亲一眼即认定是老师走来了。两人相见,老师从陌生到愕然、到惊喜,四十多年的岁月没有磨灭老师的记忆。点点滴滴,沉睡的往事苏醒了。什么是教育?这个场景就是教育。自然呈现的情景,是最好的教育情景。而这样的场景,书中俯拾皆是。

"谢谢火焰给你光明,但是不要忘了那执灯的人,他是坚忍地站在黑暗当中呢"(《飞鸟集》),老师不正是这样的人吗?

孩子们的世界是真实的世界,孩子们之间的关系,既是社会关系,又不全是社会关系。孩子是未来的成人,他们今天的样子,便是未来的雏形。孩子的善恶标准,既取决于他们自己的内心,更取决于老师、家长的引导。书中不时会穿插爸爸妈妈的话(寄语),精辟、生动,又让人感动、感怀。什么样的家长是好家长?形形色色的家长、老师、同学都在此聚集。

"我们,萧萧的树叶,都有声响回答那暴风雨,但你是谁呢,那样的沉默着?""我不过是一朵花。"(《飞鸟集》),泰戈尔与亚米契斯,还有能比他们更为默契与共鸣的吗?

读这本书,我会不时回想,我曾经读过的当下国内一些教育人写的书中有像《爱的教育》这样的吗?用文学的笔触,写教育的故事。这些故事,即是孩子们平常的学校教育生活。可读性如此强,"永恒性"如此强,魅力无限。为何魅力无限?源于一个"爱",心中有爱,眼里全是爱,表达出来的都是爱。

"如果你把所有的错误都关在门外时,真理也就被关在外面了"(《飞鸟集》),我们今天的教育之所以缺少"爱",是因为我们自身的"恨"太多了,缺少宽松、宽厚、宽容之精神。

当下的书，尤其是名教师、名校长的书，爱少，恨多。揭露得多、暴露得多，积弊、时弊，都在笔下。所谓站着、不跪，所谓挺直、不弯腰，所谓嫉恶如仇，所谓痛打落水狗，痛快淋漓、慷慨激昂。看着痛快，一篇是这样，两篇是这样，三篇是这样，这本书是这样，两本书是这样，三本书读下来，感觉"火气"重了一点，有失大度、大气，极端了一点，偏颇了一点。总感觉缺少了一点什么。到底缺少了什么呢？缺少了"爱"，缺少了像泰戈尔诗中的那种弥散在天地间的大爱精神。

"啊，美呀，在爱中找你自己吧。不要到你镜子的谄谀中去找呀"（《飞鸟集》），心中有爱，校园才有爱，老师有爱，学生才更有爱。我之所以喜欢《爱的教育》，是因为它有一颗童心，童心无忌；有一颗童心，童心纯粹；有一颗童心，童心坦荡；有一颗童心，童心斑斓。字里行间，每天的所见所闻，每天的感受，都是通过这颗"童心"显露出来的。

2017 年 8 月 12 日晚，于石湖

如在当下,巴学园的小林校长会被免职

我读黑柳彻子的《窗边的小豆豆》,感触颇多。巴学园的存在是一个奇迹,办学仅八年,毁于战争。我被这所学校感动,被校长小林宗作的办学理念、办学精神、办学行为感动,被小豆豆这些浑身焕发出童真气息的孩子们感动。不过,对照我们当下的办学规范、要求、督导、评估等标准指标,这所巴学园一定会被要求整改,乃至被取缔,校长被免职。

首先,办学条件差,办学规模太小,教室只是几辆废弃的电车车厢,六个年级只有五六十个学生。其次,没有课程意识。在学校,学生每天从自己喜欢的科目开始,自由散漫,缺乏课程管理与课堂规范。"在废弃的车厢里上课,可以自由选座位,甚至可以从自己喜欢的学科开始一天的课堂学习。"最后,没有安全保障。随便组织学生离开校园外出活动。今天去泉岳寺,明天又让学生到学校住进帐篷。更严重的是不汇报,也不经过教育部门批准,擅自行动。

小豆豆的皮夹掉进了粪池,竟然有一个人趴在池边淘粪,如此危险,掉下去怎么办?校长小林宗作看到了,不但不阻止,还有点赞赏的意思:小豆豆"心满意足了。因为自己已经掏了那么多了。实际上在心满意足之中还包含了这样一种心情,校长看到自己的行为不但没生气,反而对自己充满了信任,完全是把自己当作一个有正常人格的人来对待的"。平时,一般的成年人若是看到小豆豆在淘粪,肯定都会说:"你在干什么呀?""太危险了,快住手吧!"或者反过来也有人会说:"我来帮帮你吧?"然而,校长却只说了一句:"干完了要把这些东西送回原处去哟!"

假如，小林宗作于当下的背景下当校长，他的处境会如何？他的结局会如何？

小林宗作组织学生游泳，让孩子们赤身裸体跳入游泳池。带了游泳衣的孩子，也不让他们穿，大家都这样在水中游了起来。尽管都是小孩子，但是雅观吗？假如放在我们现在的学校，可能吗？黑柳彻子在书中是这样陈述的：

> 校长为什么不让孩子们穿游泳衣游泳呢？说起来，这也并不是什么严格规定。所以，带来游泳衣的孩子也可以穿上，而像今天这样突然提出来让大家游泳，根本就没有准备，因此光着身子也没关系。那么为什么要光着身子呢？校长的想法有两个，一是"男孩和女孩若以诧异的眼光打量彼此身体的不同，那是不值得的"，二是让孩子们懂得："硬要把自己的身体在别人面前躲起来，那是不正常的"。校长的目的是让孩子们知道："什么样的身体都是美的。"

放在今天，小林宗作会不会被家长告上法庭，会不会被带上"道德败坏"的帽子？

小林宗作这样的校长还能出现吗？我以为很难了。自从《窗边的小豆豆》诞生之后，小林宗作无疑被称为一个真正的教育家，被人们敬仰、崇拜。我想强调的是：没有黑柳彻子，就没有小林宗作校长。小林宗作生前是个默默无闻的人，他的巴学园极低调，从不宣传，也没请过媒体新闻记者。他的办学主张以及做法，在当时也是不入流的，假如引人注目，难免会遭到议论、质疑，乃至被整改，难逃厄运。

黑柳彻子即书中的小豆豆。小豆豆是一个好动、好做、好说的小孩子，好动、好做、好说到了老师讨厌的程度。一年级的小学生，课堂上不专注，对窗外的一切感兴趣，宣传艺人走过，她会与他们打招呼，不顾课堂上课与否。窗外屋檐上燕子呢喃，她会探出头去与燕子交流。课桌与家里的桌子不一样，学校里的课桌是朝上翻的，家里的是平拉的，小豆豆会上下翻个不停。她几乎天天要被老师叫到教室外面罚站。许多年以后，小豆豆遇到当年隔壁班的老师，老师说，每天小豆豆被罚站于办公室与课堂间，以至于这位老师不忍瞧见，要出办公室的门，先要探出头来，看看小豆豆在不在那里，如小豆豆站在那里，她会宿进身体，退回，遇见是一种难过。小豆豆最终还是被这所学校劝退。小豆豆的遭遇，同样是当下许多孩子的遭遇，这样的小孩无疑会被冠以"多动症"，成为"问题小孩"。

　　幸运的是，小豆豆遇到了巴学园、遇到了小林宗作校长，被劝退的小豆豆又来到了巴学园，第一次遇到小林宗作校长，校长就给予她格外的尊重，倾听她四个小时一口气对他说的话。小林宗作耐心地倾听孩子们说话，是基于这样的认识："对于今后的孩子们来说，现在就培养他们具有在别人面前把自己的想法清楚而自由地、毫不害羞到表达出来的能力，这是绝对必要的。"

　　小林宗作校长如此对待他的每一个学生，他能分得清什么是他该做的，什么是他不该做的。小孩子都有天性、好奇心，许多老师以为孩子们不该有这样的天性，视其为不遵守纪律、出格、有毛病。窗口艺人、屋檐上做巢的小燕子，乃至课桌是朝上翻的，都能吸引小豆豆，其实都是一种好奇心的驱使。如何保护孩子们的好奇心？至今许多老师、家长都不明白。

　　《窗边的小豆豆》写了许许多多这样让人感动、让人深思的小故事。多好的校长，以致许多年之后，这些当年的孩子每年都要隆重聚会，一起怀想当年的巴学园的生活，怀念小林宗作。巴学园虽然被炸毁了，但这是一个圣地。小林宗作虽然去世了，但是在小豆豆的心中永存。之所以我们今天还能知道巴学园、知道小林宗作，正是因为小豆豆的记忆，是小豆豆通过黑柳彻子的笔再现了当年的美好与美妙。从这一点上说，没有小豆豆，就没有小林宗作。一个老师、一个校长，要留下名字、留下自己的业绩，只有依靠自己的学生，唯有学生才能让老师、校长永生。

2018 年 5 月 27 日

心灵在心灵的世界里颤动

——我读苏霍姆林斯基《帕夫雷什中学》札记之一

我读苏霍姆林斯基的书，心灵会颤动，好像经历了一场心灵的旅行，走向森林、草地、河流，在那美妙的自然世界里，寻找教育、寻找爱、寻找自己。

苏氏开篇即提出了一个问题：如何领导好学校？

苏霍姆林斯基认为，校长领导好学校，除了需要精通教育学，要是教育教学过程的能手（请注意"过程"二字，意味着校长必须进入"实质"、进入"细节"之中，而不能浮在面上），还要是一个好组织者、好教育者和好老师（这意味着校长时刻不能忘记自己是一个普通老师的身份，不能脱离老师队伍。）校长要具备的最主要、最重要的品质是什么？他说："就是，深深热爱孩子，有跟孩子们在一起的内在需要，有深刻的人道精神，有深入到儿童精神世界中去并了解和觉察每个学生的个性和个人特点的能力。"

爱、孩子第一、能融入孩子们的精神世界。我们今天做校长，是不是也如苏氏那样，爱学生像爱自己？不是一种职业的需要，而是一种发自内心的需求。我们在工作中时刻记住"孩子第一"了吗？"只有当教育建立在相信孩子的基础之上时，它才会成为一种现实的力量。如果对孩子缺乏信心，不信任他，则全部教育智谋，一切教育和教学方法、手段都将像纸牌搭小房一样定然倒塌。"

什么叫爱孩子？信任孩子。苏氏清澈透明的话语本身即是一道清流，从心底里流出来，悬挂在教育雄伟的山崖上，成为一道美妙的瀑布，——如此经典的名言，读了，接受了，可以一生受用。

每个孩子的思想、观点、情感、感受、快乐、不安、悲伤、忧虑等都是一个独特的世界。教师应当认清并熟悉自己学生的这个精神世界，但他绝不能把他们当作研究对象来对待。教师应当成为孩子的朋友，深入到他的兴趣中去，与他同欢乐、共忧伤，忘记自己是教师。这样，孩子才会向教师敞开他的心灵。

这段话如何理解？我们读到它，有些许惭愧吗？一些人在研究教育、探讨教育以及寻找所谓的教育规律、课堂规律、课改规律时，常常把学生仅仅当作研究对象，还美其名曰"科研、教研"，并常常将以此获得的第一手数据资料作为成绩的标志。当老师、校长以学生为研究对象的时候，进入了孩子们的精神世界，与他们同欢乐、共忧伤了吗？

有一次，在五年级一个班上检查家庭作业，文学课女教师叫起一个比较差的学生来。教师对这个学生造的两个句子感到不满意。她一句话没说，挥了一下手。这个孩子却为此哭了一晚上……随后我只好花很长时间跟这位教师谈话，证明她错了，向她说明，她这一挥手反映了她的教育观点——对待学生态度冷漠，不相信这个学生能做出什么好事，默认坏学生永远是坏学生这一错误观点。

现在这样的老师仍然不是一两个，几乎每所学校都有。这样的老师的这样的做法，几乎每天都在发生。老师明白这样做的严重后果了吗？——这还在其次，而我们的校长，面对这样的老师的这样的做法，是不是还处在无动于衷的状态？假如允许这样的教育在日常学校生活中存在，我们还能算是称职的校长吗？这样的学校还能算作好学校吗？

《帕夫雷什中学》中经典名句随处可见，让人感动又惊醒的教育故事，同样随处可见。苏霍姆林斯基之所以对教育、对做校长有这样的理解，与他的本色有关。他是一个对自然世界极为敏感的人，他说："我焦急地等待大地回春"；他喜欢文学，他说："对语言的喜爱和语言美感，这在我们学校被视为文学教学中获得成功性决定性条件"；他喜欢读书，有丰富的藏书，他说："我有丰富的藏书，我选入的只是那些具有重大艺术价值的著作。我想使这些书成为审美修养的标准。教师、学生、家长都来向我借书"；更为难得是他喜欢写作，他说："在我从事教育工作的岁月里，写了上千篇短文，每篇短文，都是写自然现象、感受和体会的。"

　　无须多言，苏霍姆林斯基之所以成为苏霍姆林斯基，答案基本在这里了。在《帕夫雷什中学》中，面对大自然和自己所面临的世界，苏氏说他写了许多文章。苏氏不厌其详，列出了标题，我也不厌其详，抄录于下，以表达我由衷的敬意：《日出时的露珠》《阳光照射在鲜花怒放的桃树枝上》《桃园》《葵花向阳开》《亚麻开花》《苜蓿遍野》《蜜蜂出箱》《秋日大自然的凋萎》《林间簌簌声》《河上黎明》《落日云雨》《林中雷雨》《夏日酷暑》《夏日蓝天中的云中雀》《第聂伯河边那浅蓝色的远方》《春汛》《小麦将熟》《几次亲眼目睹列维坦的〈桦树林〉》《秋日艳阳天》《林中早秋征兆》《草原夜静》《蝈蝈的音乐》《夜莺歌唱》《草原暴风雪》《秋日的阴天》《夏日的阴天》《积雪覆盖下的生命》《黎明时森林的苏醒》《林中道路》《草玉铃》《第聂伯河岸边的夏天》《基辅的栗树》《塔拉斯·谢甫琴科的陵墓》《野花花束》《少年植物爱好者》《星夜》《晚秋初寒》《柳枝上的霜》《池边垂柳》《篝火旁的夜晚》《小男孩怎样救出了小狗》《暖房里的葡萄果穗》《清晨严寒》《乌克兰土地上的白俄罗斯山梨》《洋槐花开》《苹果树开花》《八月之夜》《入秋初雨》《第聂伯河岸上的幼松》《古斯基福人陵墓地带阵亡将士纪念碑》《会见英雄的母亲》《谷中丁香林》《沟壑——土地的创伤》《小儿迈出第一步——母亲的喜悦》《我的孩子们怎样在林中找到一只小鸟》《我们身边到处都有好人》《我怎样无意中委屈了小男孩》《毕业晚会上的悲喜交集》《会见过去的学生》《书——我的朋友》《书架旁的遐想》《栽下你自己的一棵树》《身后要给世上留下美好遗迹》《什么是真正的友谊》。

苏霍姆林斯基接着说:"我有时把自己的短文和诗读给学生们听。这给我带来一种愉快:能跟他们谈心,交换有关周围世界——大自然和人们的感想。"太好了,这原来是苏氏以自己的心灵进去孩子们心灵的通道。在苏氏与孩子们的心灵世界里,有森林、草地、河流,深入其中,何尝不是心灵的旅行与洗礼。

2017 年 8 月 13 日,于石湖

当下我们有没有苏霍姆林斯基？或许没有

——我读《帕夫雷什中学》札记之二

《帕夫雷什中学》真是一座宝矿，说它是一座金矿也不为过。对老师、校长来说，此书要什么有什么：独到、精湛的教育学知识，丰富、全面的学校教育实践，许许多多让人赞叹、感动的教育故事，鲜活丰满的老师、孩子。我们的困惑，它可以解答；我们的沮丧，它能够理解；我们的喜悦，它会与我们一起分享。它是一本活的书，读它，似乎正与苏霍姆林斯基促膝而谈。它像金矿，允许任何人进入开采，"窃为己有"；它像博物馆，藏品、展品丰富多彩。——所有的老师按照此书去做，持之以恒，一定会在教育教学上有所建树，成为一个优秀的教育工作者。

一本好书，总会给人多方面的启迪。我想到了一个不知是否有价值的问题：是帕夫雷什中学成就了苏霍姆林斯基，还是苏霍姆林斯基成就了帕夫雷什中学？大家一定会说：相互成就。不错。假如没有帕夫雷什中学这样独特的环境，还会不会有苏霍姆林斯基？假如苏霍姆林斯基不在帕夫雷什中学，而在另一所学校，另一所学校会不会成为不是帕夫雷什中学的帕夫雷什中学？假如苏霍姆林斯基不在帕夫雷什中学，还会有苏霍姆林斯基吗？

由此，我想到了另外一个问题：当下我们有没有苏霍姆林斯基？即有谁可以被称作当下的苏霍姆林斯基？有人说有，有人说没有。苏霍姆林斯基是一种高度，有人说可以企及，有人说无法企及。苏霍姆林斯基是一种象征，有人说是唯一的，有人说是群体的代表。

我读《帕夫雷什中学》时，认真琢磨书中所反映的学校教育、教学状态，所呈现的教师的精神状态、工作状态。"爱"是第一位的，在苏氏的书中，到处渗透的就是这样的思想。在苏氏的眼中、在帕夫雷什中学，什么样的老师是好老师？

"首先意味着他热爱孩子，感到跟孩子交往是一种乐趣，相信每个孩子都能成为一个好人，善于跟他们交朋友，关心孩子的快乐和悲伤，了解孩子的心灵，时刻都不忘记自己也曾是个孩子。"要求别人做到的，首先自己必须做到。苏氏就是如此的一个人。该书通篇让人感受到的都是"爱"的气息。其次，要有扎实并不断更新的学科知识。再次，要精通心理学。这些要求并非他们所独有，我们当下也是如此要求的。但是，苏氏接下来说："一个好教师要精通某项劳动技能，并且是这项工作的能手。"这项要求很简单，我们当下的老师具备这项能力了吗？苏氏在书中用了整整一个章节来阐述帕夫雷什中学的"劳动教育"，从劳动教育的原则、物质基础、教学要求，到劳动教育的方法、制度，如"自我服务""树立榜样""劳动作业""集体看懂作业""竞赛"等等，不得不让人钦佩，他们的教育才是真正的"素质教育"。

在帕夫雷什中学"有出色的园艺家，有醉心于机器的人，有电工技术专家，有细木工，有喜欢教学实验园地作业的植物栽培家"。苏氏在书中列举了许多老师这方面的特点。他一一陈述，为老师"画像"，就像给自己画像一样，基于对自己的深入认识，进而断定："一所好学校里，每个教师都应当有从事某项劳动的热情。"他自豪地说："我校每个教师都指导一个、两个或若干个课外活动小组。学生在里面过着生气勃勃的、丰富多彩的精神生活。教师对于这种集体来讲，乃是知识之源，是热爱科学的榜样。每个教师都以自己的品格、劳动、兴趣和对新知识的渴求为集体多方面的精神生活作出自己的贡献。"我们所谓的一些好学校，能做到吗？即使退许多步，我们所谓的好学校中有多少老师能达到此要求呢？能有10%的比例吗？

这样素质全面的老师到哪里去找寻？苏氏说得好，"就在我们身边，要善于发现他们"，一个好校长，独芳校园，其实并不是真正的好校长。"好教师并不总能带着已经成熟的素养到学校来"，能把普通的老师培养成好老师的校长，才是真正的好校长。

一所学校有自己独特的文化，这是这所学校区别于别所学校的标志。学校文化是什么？是所有师生共同遵循的价值观，是空气、气息，是一个人灵魂存在的时空坐标。苏氏一生几乎都在帕夫雷什中学，这里是他赖以生存的土壤，亦是他耕耘其中的田野。苏氏一生于此鞠躬尽瘁，实现了自己的教育理想。

行文至此，我再次提出问题：在当下的现实条件下，我们有苏霍姆林斯基吗？能产生真正的苏霍姆林斯基吗？——无论形，还是神，是一个真实的、没有变样或异化的苏霍姆林斯基？在怀疑中，我仍然抱有希望，因为我们正在艰难地改变，比如李镇西、程红兵、窦桂梅、李迅、叶翠微、沈茂德等，他们虽然不是"苏霍姆林斯基"，但他们正在丰富自己的内涵，成为有个性的好老师、好校长，他们也一定会以自己的名字作为教育家品牌的象征，成为我们这个时代教育的骄傲。

2017年8月14日晚，于石湖

我心中的理想学校

——我读《帕夫雷什中学》札记之三

什么样的学校是我理想中的学校？答案只有一个：像帕夫雷什中学那样的学校。它闪现着耀眼的、只属于教育自身的人性的光辉。要说理想的学校，先要说好教育。什么是好教育？这一问题不是能简单回答的。现代社会的一个重要标志，是对教育的重视。学校是教育最重要的载体，因而，当下对学校的重视到了空前的地步。社会的愿望、家长的理想、孩子们的梦想，都聚焦于"学校"。既是大幸，又是大不幸。

所谓"好学校"是没有定论的，不同的时代，经济、文化等背景不同、条件不同，会有不同的内涵与标准。不同的人，即使同一个人在不同时期的不同需求下，对"好学校"的看法也不同。"好学校"是一个动态的、有差异性的概念，甚至是有争议性的概念。对这个人来说，它是一所好学校，对那个人来说，或许并不是一所好学校。你说它是一所好学校，他会说它不是一所好学校。

"好学校"是人心中对教育的理想的向往，理想是有共性的，更是有个性的，每一个人，都对学校教育有不同的祈求。我认为的"好学校"是什么样子的呢？即我心中的理想的学校是什么样子的？苏霍姆林斯基是一个有理论、有实践、有情怀、有故事的人，他扎根于学校的肥沃土壤，将一生都交给帕夫雷什中学，学校融入了他的教育理想。每一次读他的《帕夫雷什中学》，都会让人激动，——内心深处那个最柔软的地方，总会有爱意在荡漾。

我心中理想的学校，是各要素及各要素之间都呈现美妙的关系。事物都是由要素所组成的，教师与学生当是要素中的要素。我以为理想的学校，当有理想的老师与理想的学生，即师生的状态呈现着教育的理想。至于学校的物质的存在，确实是需要追求最优化的，但不是绝对的。校园环境、课堂条件、设施设备等都很重要，但是无论如何超越不了师生关系的重要性。课程、教材亦是如此，当下的课程、教材都有严格的规定性，学校的自主性有限，缺少更多的创造空间。

我心中理想的学校，每一个老师都应该有广阔的视野与崇高的境界。苏霍姆林斯基在《帕夫雷什中学》中说："教师是为未来工作的人。"我很认同。教育不仅仅为了当下——为社会的当下、孩子的当下。当下所需要的一切，知识、能力等，包括分数，都不能少，但是仅仅有这些还是不够的，未来所需要的一切，我们做老师的都必须为孩子尽可能地提供。如苏氏说，要引导学生"去考察周围世界，教导他们去研究和解释人所能见到的事物"。

我心中理想的学校，是真正对每一个孩子负责的学校，为了每一个孩子的未来，而不是眼睛仅仅停留在那些学业成绩优异的孩子身上。如苏氏所说，"注意每一个人，关怀每个学生，并以关切而又深思熟虑的谨慎态度对待每个孩子的优缺点，这是教育过程的根本之本"。看似简单的一段话，其实是深刻而精辟。我们常常只是泛泛地停在"关注每一个孩子"的口号上，有没有真正做到？如何关注？怎么关注？要以"关切而又谨慎的态度"，说得多好。孩子的成长是微妙而神圣的，来不得半点粗枝大叶，仅仅有热情还不够，还要严谨。关注什么呢？既关注"优点"又关注"缺点"，优点是向阳开着的花，缺点是花开到一半遇到了风雨。面对这样的每一朵花，我们都必须投入全身心的情与力。

我心中理想的学校，呈现的是一种完全新型的师生关系。"学生不像学生，老师不像老师"，或许是最佳的状态。这里所说的"学生不像学生，老师不像老师"，就像苏氏所说的那样，"对于孩子来讲，最好的教师是在精神交往中，忘记自己是教师而把自己的学生视为朋友、志同道合者的那种教师"。老师只有把自己忘掉，与学生融为一体，俯下身段，与学生成为朋友，才能最有效地实现教育目标,正如苏氏所说,"培养学生道德的、理性的、审美的高尚情感"。

  我心中理想的学校,正是这样的学校,师生在校园里始终是平等、共同发展的,始终充满着爱的气息、感恩的气息、美的气息、愉悦的气息、幸福的气息。师生每天都会有进步,哪怕是微小的、一点的进步,学校处处是学习的场所、发展的场所、进步的场所。在这里,时时都能见到阳光——正直、正气、正义的阳光,真理的气息始终笼罩着校园、课堂。只有这样,才能让师生"在尊重每个真诚的人所具有的一切真正的人性的基础上,建立具有高尚道德的美的关系"[①],才能使我们的每一个学生,在道德上、智力上、实际能力上和心理上,为未来作好充分的准备。

2017 年 8 月 20 日,于石湖

---

① 苏霍姆林斯基《帕夫雷什中学》前言。

下编

美呀,在孤独中散发永恒的光芒

鹊飞走了,但杨绛还在

——读杨绛《记比邻双鹊》

这几天心情有点忧闷,对于杨绛先生的去世,虽然有所准备,但是成了现实,心里还是不好受。她的《记比邻双鹊》所描绘的那个六号楼,我去过,三楼那个对着病柏的窗口,我也曾看过。那棵树,以及那棵病柏周边的那些树,我见过,只是我见到它们的时候,漫不经心。我读了《记比邻双鹊》,竭力回想,回想当年我路过、遇到它们时的细节。杨绛在文中写的这双鹊,一只是父鹊,另一只是母鹊,如今,还安好吗?我一直认为飞禽走兽是有灵性的,特别是鸟,通人性。它们对于我们就如亲人、同学、朋友。杨绛写双鹊如何筑巢,如何育雏,如何雏殇,如何拆巢,不见踪影,几乎写的是一个家庭,从满怀希望、期待,到历经风雨,直至失落、失望,到最后一切希望、期待破灭。

我曾到杨绛的家里,看望过她两次。走到那个六号楼,爬上那个三楼,进屋,进入客厅兼书房。一张书桌,钱锺书生前常坐的地方,一边是窗,一边是书橱。窗下有沙发,书桌对面也有沙发。我们被让座在沙发上,杨绛端着一张折叠凳,放在沙发之间的墙角中。坐定,可以望到内室,那儿也有一张书桌,也有一扇窗。第一次去,是冬天,落尽树叶,满目萧瑟。第二次去,是暮春,满树葱茏,鸟鸣之声不绝于耳。我坐在沙发上,杨绛坐在墙角的折叠凳上。给我的印象是,她就像我的祖母或外婆,儒雅,和善却有度,慈爱却分寸,大方却有点矜持。她聊当年读书的往事、趣事,说季玉校长如何一起与她们同桌吃饭,如何每次来学生会开口总是"实事求是"。她曾是苏州振华女校的学生,后来又做了一年振华女校的校长,也会小孩气地问我们:承认不承认我这个校长啊？我左一个"杨校长"，右一个"杨校长"，她开心地微笑。我们给她带去了苏州的丝绸围巾，围在她的脖子上，她像一个小孩让我们"摆弄"。事先，她曾与我们约定，看望她，不带记者，不拍照，不写文章。

我们进门不久，就拍了照片，她脖子上围着丝绸围巾优雅而又有点忧郁的照片，就是我给她拍的。拜访毕，她送我们出门，说"把我对母校的思念带回去"，深情款款。相隔五年，再一次去看望她，她的精神状态似乎更好了，人更随和了，还与我们讲了当年与费孝通在"振华"读书时的趣事，看得出来她很珍惜少时所拥有的同学情谊，是一个念旧的人。

读《记比邻双鹊》，会不知不觉地流露出忧伤。那病柏上的鸟巢，分明是杨绛自己家的写照。杨绛百年生日，我曾写了一首《十全的美》的诗，其中有这样几句：你是浪尖上出没的鸟 / 你不会去云天上高高飞翔 / 你是柔弱柔美的奇女子 / 用江南的水 / 江南的花 / 江南的烟雨 / 塑出完美 / 十全的美。这是我眼中的杨绛，而我心中的杨绛就是这样的。她也如她笔下的那只母鹊，但比那双喜鹊还要哀伤。比邻的双鹊，雏儿死了，可它们还是成双成对的。成双成对地凝视那只没有了雏儿的巢，成双成对地去拆雏儿死在其中的那只巢。而杨绛呢，锺书不在了，她的媛媛不在了，每天每时每刻，待在自己的空巢。在《十全的美》一诗中，我说：你只有思念 / 在浓重的阴影里回想欢畅的时辰 / 你说，我现在很好 / 很乖，虽然年老 / 不想懒懒散散 / 每天用毛笔 / 抄写锺书的《槐聚诗存》……

写着写着，我不禁悲从中来，最后，竟然把这句"我不禁悲从中来"写进了诗里。有人说，百岁生日是喜事，如何"悲从中来"？假如问的人也看过杨绛的《记比邻双鹊》，也去过她的家，或许不会有此疑问了。

对我来说，杨绛是我的前辈校友，我很敬仰她，她是我们的骄傲。她是从母校走出去，又回来做老师、做校长的人。何其有幸，我也有着同样的经历，从母校走出去，又走回来，做老师、做校长。我对杨绛有着一份特殊的感情。我把她当作如祖母、外婆一样的亲人。我读《记比邻双鹊》，竭力去感受那双鹊的情感。风雨之中，我常思考：这时的鸟，它们会在什么地方？雨中的鸟，被雨淋湿了怎么办？前几天，我去了太湖西山岛的外婆家。大雨中游太湖，是如何地切合我的心境！撑着伞，立足水边，远方近处都是水，前方湖中的木桩上，竟然站立着一只只鸟，纹丝不动，任雨打雨淋。雨越来越大，天地间只有雨声，境由心生，我似乎进入了寂寞之境。雨慢慢停歇，突然，一只鸟从树叶浓密处飞去，先俯冲，掠地而飞，即将碰触地面之时，仰起，冲天而去，一条美丽的弧线，留在我的视野里。

  我所见到的鸟，会不会即是曾经杨绛在那个六号楼三楼的窗口所见到的呢？杨绛笔下的双鹊，尽管哀伤，却懂得去拆除雏儿死在其中的鸟巢，懂得如何忘却过去。如今，杨绛走了，杨绛自己的巢也空了。她该捐的都捐了，该交代的都交代了。《记比邻双鹊》一文最后写道："一夕风雨，旧巢洗得无影无踪。"我相信，今天的雨与昨天的雨虽然同为雨，却是不一样的。虽然，雨一直这样下，但不会"恍如一梦"。双鹊飞远了，但杨绛一直会在我们的念想之中，杨绛为我们构筑的精神之巢不会被拆。

2016 年 5 月 29 日

永恒的孤独的光芒

——我读史铁生《我与地坛》

我不止一次地读过史铁生的散文。史铁生去世后,我曾说过,从此再也没有散文了。此刻,我又手捧《史铁生散文》,此书篇篇是真情的流露,如高山清泉从悬崖之上奔腾而泄,一会儿激越,一会儿平静,而无论激越与平静,都是那般清澈。在这些清流之中,我尤为喜欢《我与地坛》这股清泉。此流水,映照山、映照树、映照天上的云彩,水中除了有史铁生自己,有史铁生的情感、情怀之外,似乎也能映照出我们自己,我们自己的情感、情怀。《我与地坛》被选入语文课本,我每一次坐在教室里听课,都会感受到内心的颤动。老师讲着讲着会流泪,学生听着听着会流泪,我们观摩听课者也会流泪。

> 地坛的每一棵树下我都去过,差不多它的每一米草地上都有过我的车轮印。无论是什么季节,什么天气,什么时间,我都在这园子里呆过。

对史铁生来说,地坛无疑是他的整个世界,更是他的精神宇宙。孤独的轮椅,是他进出地坛的工具,更是载体,是他所能够借助的唯一外部力量。他进出地坛,何尝不是进出他每天所面临的世界,这个世界是他的现实世界,也是他幻想的世界,更是他幻灭的世界,他凤凰涅槃的世界。他的孤独既是世俗的孤独,又是一个清醒的精神贵族的孤独。地坛是他的出发点,又是他的归宿。

> 摇着轮椅在园中慢慢走,又是雾罩的清晨,又是骄阳高悬的白昼,我只想着一件事:母亲已经不在了。在老柏树旁停下,在草地上在颓墙边停下,又是处处虫鸣的午后,又是鸟儿归巢的傍晚,我心里只默念着一句话:可是母亲已经不在了。把椅背放倒,躺下,似睡非睡挨到日没,坐起来,心神恍惚,呆呆地直坐到古祭坛上落满黑暗然后再渐渐浮起月光,心里才有点儿明白,母亲不能再来这园中找我了。

这是母亲去世后他写的一段文字。母亲在世的时候,儿子对她的那种关切、无奈、揪心,并不在意,也没有感受到,或者说,近乎"木然"。只有在母亲去世之后,当一切都成为往事,母亲如风一般吹过,却又不可寻时,他才会有深深地忏悔、内疚、自责,深入骨髓。面对曾经的一切,物是人非,情何以堪。

> 曾有过好多回,我在这园子里待得太久了,母亲就来找我。她来找我又不想让我发觉,只要见我还好好地在这园子里,她就悄悄转身回去,我看见过几次她的背影。我也看见过几回她四处张望的情景,她视力不好,端着眼镜像在寻找海上的一条船,她没看见我时我已经看见她了,待我看见她也看见我了我就不去看她,过一会儿我再抬头看她就又看见她缓缓离去的背影。

年少,且又身体残疾,心里有无数的委屈、无数的悲苦、无数的挣扎,往往会任性,遮蔽双眼,见物不见物、见事不见事、见人不见人、见情不见情。一旦醒悟,又是如何地自责、依恋、不舍,情何以堪。

> 有一回我摇车出了小院,想起一件什么事又返身回来,看见了母亲仍站在原地,还是送我走时的姿势,望着我拐出小院去的那处墙角,对我的回来竟一时没有反应。待她再次送我出门的时候,她说:"出去活动

活动，去地坛看看书，我说这挺好。"许多年以后我才渐渐听出，母亲这话实际上是自我安慰，是暗自的祷告，是给我的提示，是恳求与嘱咐。只是在她猝然去世之后，我才有余暇设想。当我不在家里的那些漫长的时间，她是怎样心神不定坐卧难宁，兼着痛苦与惊恐与一个母亲最低限度的祈求。

这里有细节。每天"我"出门去地坛，于"我"是平常。这样的平常里，一个母亲却是内心不平静、祈求、自我安慰。那一瞬间，史铁生当即没有明白什么，只有在母亲猝然去世后，他才深悟这一细节背后的深意。

史铁生的这些文字，没有夸张的描述，只是平静地述说，却能感动读者。为何？因为那是他从心灵深处流淌出来的真情，犹如一股澎湃的清泉，在阳光映照下，每一朵浪花，都晶莹剔透。什么是最美的阅读？最美的阅读在最柔软的地方，是灵魂与灵魂的相遇与融合。我与史铁生从未谋面，但却时时想起他。为何想起他？因为我读了《我与地坛》。

他去世后不久，我曾写过一首《哭史铁生》的诗。那年六月我去北京，执意去了地坛，那是他生前经常去的地方。我要走一遍史铁生曾经天天坐着轮椅走的路。我选择了一棵我猜想史铁生曾经休憩过的树，先坐下，然后躺下，闭上眼，竟瞬息入梦。没有虚构，这是真实的相遇，我用诗句记录了这个过程：

> 我到这个园子
> 不是为了这个园子
> 我是为了一个人
> 这个人已经消失
>
> 我寻找一棵又一棵大树
> 我想象这个人

孤独的轮椅

还有他悲哀的母亲

走在每一条小路

我想象他每天绝望走过

我干脆躺在草丛里

感受这个人的孤苦

我很快入梦

老鸦在头顶呱呱飞过

刚才还是晴空

瞬间大雨如注

我的梦被惊醒

哗哗风吹白杨

湿了衣裳又湿了魂灵

白昼如长夜茫茫

史铁生去了,但是,他仍在。他是天上的那颗"恒星",距离我们那么遥远,千百年之后,我们都不在了,他仍在。我相信他仍是孤独的,但是有不竭的光芒——永恒的、孤独的光芒。

2017 年 7 月 8 日

一个台湾的"最江南"诗人

——我读《郑愁予的诗：不惑年代选集》

我喜欢郑愁予的诗。去年，我申请了微信个人公众号，头像选用了我与郑愁予的合照。郑先生坐着，我站着，如父子般。许多朋友问我：是谁啊？我说：郑愁予。又问：是那个写《错误》的诗人么？我自豪地回答：是的。这么一首柔美的诗，如早春四月月光里盛开的小花，却用《错误》作诗题。两者相差那么大，却又能被大家接受，可见此诗的魅力。此刻，我正一首一首地读着《郑愁予的诗：不惑年代选集》（江苏凤凰文艺出版社2016年版），当然，我得重温郑先生的这首最著名的《错误》：

> 我打江南走过
> 那等在季节里的容颜如莲花的开落
>
> 东风不来，三月的柳絮不飞
> 你的心如小小的寂寞的城
> 恰若青石的街道向晚
> 跫音不响，三月的春帷不揭
> 你的心是小小的窗扉紧掩
>
> 我达达的马蹄是美丽的错误
> 我不是归人，是个过客……

此诗写于 1954 的台湾，我于 2013 年在福州听他说过写这首诗的缘由。那年，第三届全国中学生校园诗会在福州一中举行，东道主李迅校长请来了郑愁予，他与师生讲诗，讲自己如何写这首诗的故事。许多专家学者对这首诗的解读往往过度，其实它很单纯，仅仅是诗人那年经过江南小镇一瞬间的感受。他说：心头有一种美，这种美，是一种美妙，积淀几年之后，当再一次从记忆中寻找出来的时候，发现它已经酿成了如美酒一样的美诗。怎么不是呢？谁碰上它，便即刻微醺。

此刻，我似乎又与诗人一起，来到江南水乡，浸润于水乡之间的古镇上。莲花的季节，莲花一样的人；青石、古道、柳絮、夕照；紧掩的窗扉、不揭的春帷。这些江南的元素，——江南的缠绵又有一丝淡淡的感伤，如气息荡漾于我们周身。来了，是这么美好，却发现竟然又是一个美丽的错误。为什么是一个美丽的错误？因为寂寞，无法排解的寂寞，可恼的是，这样的寂寞又让人沉湎其中不能自拔：

> 我达达的马蹄是美丽的错误
> 我不是归人，是个过客……

不要误识、误认，我不是你所期待的那个人，即使是你所期待的那个人，也已不再是原来的那个人。他只是一个过客。什么是过客？是心不系于此的人，是无动于衷的人，是飘来又飘走的云一般的人。可是，诗里的这位过客偏偏又是一个情种，还能细微地体察别人的心，还能体悟别人那颗如窗帷紧掩的小小的心。

柔美，又缠绵，让人内心柔软又明朗，江南的山不高，却朗润。朗润之中，满目是红莲。郑愁予的红莲意象，一读就忘不了：

> 我打江南走过

那等在季节里的容颜如莲花的开落

朝晖夕阴，莲之开落。美人如莲，于莲之畔、莲之间流连。莲者，恋也。此时此刻打马走过，如何不让人心生爱意，不舍遽然离去。《郑愁予的诗：不惑年代选集》中的第一首《雨丝》，即有这样的诗句：

> 那是，挤满着莲叶灯的河床啊，
> 是有牵牛和鹊桥的故事
> 遗落在那里的……

江南是水乡，江南的湖泊河流纵横交错。湖里铺满的是荷，河流上漂着的是莲叶灯，何其美妙，真正的美妙还在于其背后的"牵牛和鹊桥"的故事。郑愁予的诗，读了会让人"心动"——

> 我的眼睛睁得大大的，亮亮的，想你……
> 想如穗落的日子，想那些小事，
> 想你在风中掠着短发的小立之姿，
> 想你扯着裙角说，我累了，
> 就在山腰上找块石头坐下来……
>
> ——《风雨忆》

心底里的小秘密，一旦如花一样绽放，是如何地美丽？少男少女的故事，无论是怎样的故事，都是美丽的故事。读了之后，心里如何不荡起涟漪？丝丝的涟漪，随波光明灭。

雨丝落在情感的涟漪里，又会起波澜：

> 你笑了一笑，我摆摆手

>　　一条寂寞的路便展向两头了
>
> 　　　　　　　　　　　　——《赋别》

郑愁予的诗，真、纯、痴、美、柔，有细节、有画面、有意象，由此达彼，最后进入内心、驻扎内心：

>　　谁让你我相逢
>　　且相逢于这小小的水巷如两条鱼
>
> 　　　　　　　　　　　　——《水巷》

什么人相逢，才如水巷里的两条鱼？那天我与郑诗人于福州相遇，喝酒、谈诗，闲聊中夹杂着朗朗笑声，算不算两条鱼，或更多的鱼，悠游于快乐的水巷之中？这样的日子，终不可能永久，我们将离去：

>　　我苦恼于溪中清亮的影子
>　　黯然间撕碎隔夜的蔷薇
>　　色与香已和涟光共逝了
>　　——我倚着桥栏小立。
>
> 　　　　　　　　　　　　——《生命中的小立》

江南是远方，在郑愁予的记忆里、在他的梦里。他诗中的江南：悠悠的流水如带　铜环的轻叩如钟（《客来小城》）。

郑愁予的许多诗，虽不是写江南，却时常染上江南的小情调、小清新、小伤感，令人神往而难忘。整本诗集，直接写江南的并不多，为何唯独那首以江南为背景的《错误》，如此有名？

那年，我与郑愁予相遇，他的举手投足，神态容貌，无不属于江南，我感觉他只属于江南，——一个台湾的彻头彻尾的江南诗人。

> 总有法子能剪来一块，一块织就的雨季
> 我把它当片面纱送给你，
> 素是素了点，朦胧了点，
> ……

——《四月赠礼》

他身处台湾写台湾的雨，他所写出来的雨，分明是江南四月的雨。江南有一种深入骨髓的典雅，而它的典雅又往往是通过极素雅的形式表现出来的。郑愁予说"素雅的雨"，真是得江南文化之精髓。朦胧如蝉翼的江南的雨，剪来一片作为四月的馈赠，何其雅趣？郑愁予的诗高雅、柔美，是当下最值得称道的"婉约"诗人。他本该属于整个中国、整个人类，不仅仅属于江南，——我之所以说他是"一个台湾的'最江南'诗人"，不仅仅是因为他的诗的表现形式属于"最江南"，还因为我十分喜欢他以及他的诗，——一种发自内心的"自在欢喜"。

2017年7月9日，于金鸡湖

人生总在雅与俗之间
——我读梁实秋的《雅舍小品》三题

年龄只是符号

人到了迟暮，如石火风灯，命在须臾，但是仍不喜欢别人预言他的大限。……胡适之先生素来善于言词，有时也不免说溜了嘴。他68岁时来台湾，在一次欢宴中遇到了长他十几岁的齐如山先生，没话找话地说："齐先生，我看你活到90岁绝无问题。"齐先生愣了一下说："我倒有个故事，有一位矍铄老叟，人家恭维他可以活到一百岁，他愀然作色曰：'我又不吃你的饭，你为什么限制我的寿数？'"胡先生急忙道歉："我说错了话。"(《雅舍小品·年龄》)

读梁老的这段文字才发现，忌谈年龄的岂止是女人，原来士子贤人皆非超脱之辈。活着，总比"享祭不绝"来得实在。想想也是，孔老夫子早就说过："未知生，焉知死？"我还没活明白呢，干吗去死？无惧无畏的秦嬴政也曾使徐福渡海，于蓬莱、瀛洲求不死仙丹；李白也是一样，一辈子谑浪笑傲，不服权贵，到老的时候杜甫去看他，问他还有什么遗憾的事，他回答：我就是丹没炼好，对不住晋代那个写《抱朴子》的葛洪葛神仙……贤士如是，更不必说凡夫俗子如我辈等，也许会仰仗科技的发达，临终切开喉管，动用呼吸器来表达一下最后的眷世情怀……

但是，我们是否该问年龄讨要一下质地？年龄原是有质地的，年龄的质地不在于你是不知晦朔的朝菌，还是以久特闻的彭祖，因为其考量的标准主要在"质"，而非在"量"。

"质"的评判标准有很多，或权之以名，或衡之以利，甚至近年来流行的幸福指数也是一种标准，再或者，我们可以盘点一下，此生我获得了什么，失去了什么，又付出过什么，我的存在于人是幸还是不幸……总之，无论如何，要给生命的质地一个解释。比如：

远古支离疏者，"颐隐于脐，肩高于顶，会撮指天，五管在上，两髀为胁"，双肩高过他的头，头低到肚脐以下，本该垂在后面的发髻，却是冲天而指，他的五脏六腑都挤在后背上，他的两条腿就直接长在肋骨旁边，但他替别人缝洗衣服，足够养活自己；他替别人去筛糠、簸米，足够养活十口之家……生命在他自食其力并泽被众人的时候，找到了存在的价值。

近如史铁生者，二十一岁瘫痪，三十岁患上严重的肾病，四十七岁发展成尿毒症开始透析，五十九岁因脑溢血病逝。一个"职业是生病，业余在写作"的作家的生命历程，怎么看都是上天的一个玩笑，但就是这个人，用沉甸甸的生命的质量，让无数失意的心灵，再次相信了人世，再次义无反顾地去拥抱原本荒凉的人生。但是，如果生命的长度可以因为上苍的失误而得以延长，我仍不希望一个千疮百孔的生命得到岁月额外的加签，我们不能因贪念一段文字而让本已刀斫斧凿的生命再忍受病魔的凌迟。

梁老借少年者无知臆想的口吻写道："我揣想署名之际写上自己的年龄，那时心情必定是扬扬得意，好像是在宣告：'小子们，你们这些黄口小儿，乳臭未干，虽然幸离襁褓，能否达到老夫这样的年龄恐怕尚未可知哩。'"(《雅舍小品·年龄》)我想，当少年识得愁滋味，历尽生命的悲苦，还想说出这番话，那一定是带着亏欠年龄的惶恐、精神胜利的自慰。因为"人到了年促之时，何可夸之有？"

年龄之于人生只不过是一个符号而已，它的质地与厚度才决定了生命所达到的欢欣的程度，于人或者于己，所谓"鞠躬尽瘁轻生死，多少年来如一日"是焉。

我们可以允许自己有一天如树桩一样衰老破败,头发干枯蓬乱,眼里尽是灰色浑浊,但不能允许当我们坐在岁月尽头、如一个贪婪吞吃日华的魑魅,清点一生所获的时候,才发现自己倾其一生、双手紧握着的只是一把年龄,愈攥愈紧,却渐行渐远,只待垂睑大去。

又至清明,我突发奇想,倘若让亡灵们开会,它们会发出怎样的议论?一定比我们超脱豁达,但也一定有诸多尘事未了,如果让他们再重活一次,一定能查漏补阙、裨补种种憾事。那将是什么憾事呢?是争名不够汲汲,还是夺利不够营营?抑或在想自己前世亏欠别人太多,现世该如何补还?怕就怕自得而意满:我活一世,与各色人等都不相干,行来如风,行去无踪,于人于己,并无利弊……

孝子与天、地、人之大道

……孩子中之比较最蠢,最懒,最刁,最泼,最丑,最弱,最不讨人欢喜的,往往最得父母的钟爱。此事似颇费解,其实我们应该记得《西游记》中唐僧为什么偏偏欢喜猪八戒。谚云:"树大自直",意思是说孩子不需管教,小时恣肆些,大了自然会好。可是弯曲的小树,长大是否会直呢?我不敢说。(《雅舍小品·孩子》)

读罢梁老的《孩子》,不禁内心淤塞,做父母的纵之、容之,"自有小家庭制以来,孩子的地位顿形提高。以前的'孝子'是孝顺其父母之子,今之所谓'孝子'乃是孝顺其孩子之父母。孩子是一家之主,父母都要孝他!"(《雅舍小品·孩子》)以孩子为中心的家庭,原是一种伟大的传统,然而今日如此,就不只"孝子",而是"害子"了。道德感的薄弱、责任感的缺失、以自我为中心的处世态度,已经成为当今教育的软肋。我不由想起教育家王季玉的一句话:"有一种教育的失败,叫作品性的增长永远赶不上知识的增长。"

庄子在《马蹄》中说，伯乐的出现，是马的灾难，因为他把马分成三六九等，制订了一套驯马的方法，而马本来是自由的存在。我是喜欢老庄的，但对这点不敢苟同，玉不琢不成器，不经打磨的美玉，只能是块顽石。后世的曹操在回忆自己的教育经历时，也无限感慨地发出了"既无三徙教，不闻过庭语"的叹息。既没有孟母择邻的身传，也没有孔老夫子诗礼庭训的言教，所以他自小顽劣成性，挑拨父叔、抢人新娘也便不足为奇了。

而今天，我们对孩子的溺爱如同高脂高糖一样危害着他们的成长。我们担心他们走弯路，害怕他们吃苦头，忧虑他们经风雨。我们的家人、学校、社会为他们搭起了大棚，然后呆呆地望着他们柔弱地发育着。我头顶着校长的职务，却空怀着中国大多数校长的无奈，我们不放弃任何一个学生，就是纵容学生不必对自己所犯的过失承担与之相对应的责任；我们以成绩的高下考量一所学校的绩效（或者叫"产出"），却不曾跟踪考量这所学校真正为社会创造了多少财富，这种财富不仅可用金钱来计算，更可用精神来计算。

曾读过台湾高震东校长的一篇演讲稿，其中有这样的内容："台湾有这么一所学校，学生年龄在十五到十八岁之间，每年三千多学生中，因违反校规校纪被校方开除的有二三百人。学校没有工人，没有保卫，没有大师傅，一切必要工种都由学生自己去做。学校实行学长制，三年级学生带一年级学生。全校集合只需三分钟。学生见到老师七米外要敬礼。学生没有寒暑假作业，没有一个考不上大学的。这就是台湾享誉三十年以道德教育为本的忠信高级工商学校。在台湾各大报纸招聘广告上，经常出现'只招忠信毕业生'字样。……"

真是惭愧。

我们高喊着"成就学生本色人生"的口号，却未曾将"本色"二字铺染得如此淋漓尽致。我曾去某地作"校园文化"的相关演讲，当场有校长发难，"你们学校既然如此美丽，请问你们学校高考排名第几？高考升学率如何？"听闻此问，我很失落，但并不惭愧。我可以用我的教育理想回答他，但我知道字句苍白。在这样一个同道相成的时代，独我步履蹒跚，择蹊而行，本已是秉着中年仗剑的勇气。少年仗剑，无知者无惧；中年仗剑，毕竟怀揣输赢一搏的忧虑。但是，我真的不惭愧。

夜读孔子的《论语》，忽然有所了悟，原来两千多年前，老夫子舟车劳顿、席不暇暖从事着的一直就是一场品性与道德的教育。他教后世处世的态度，"弟子入则孝，出则悌，谨而信，泛爱众，而亲仁，行有余力，则以学文""己欲立而立人，己欲达而达人"；他赋予时代悲悯的情怀，"苛政猛于虎""庶民……不知刑与德"；警告鲁哀公母"失诸刑与德"——难怪他有弟子贤如曾参，"吾日三省吾身：为人谋而不忠乎？与朋友交而不信乎？传不习乎？"，如颜回"非礼勿视，非礼勿听，非礼勿言，非礼勿动"。从老夫子简短的教诲中，我们读到的是天、地、人的大道，是安身立命的境界。

经过圣人们一代又一代的惨淡经营，人类的附加值才完成了条分缕析的界定。我们并不缺乏知识的灌输，唯独缺少品性的培植；知识最终转化为技能，让我们在生存的层面上得以安身，而唯品性最终转化为智慧，才能让我们在精神的层面上得以立命；我们给技能贴上标签兜售，而智慧才能让我们活出生命的质感。

英雄的定义

何谓英雄？历史给出了很多界定：醉卧沙场、马革裹尸，是之；卧薪尝胆、能忍胯下之辱，是之；跃马江湖、劫富济贫，是之；我自横刀向天笑，去留肝胆两昆仑，是之……一个人大忠大义、至仁至孝便可称为英雄。这些我都同意。

卡赖尔在《英雄与英雄崇拜》中说："所谓的英雄，不是专指掣旗斩将攻城略地的武术高超的战士，举凡卓越等伦的各方面的杰出人才，都是英雄，神祇、先知、国王、哲学家、诗人、文人都可以称为英雄。"这部《英雄与英雄崇拜》是影响梁实秋人生的第七部书。梁老说："我接受卡赖尔的伟人学说，但是我同时强调伟人的品质。"梁老所谓"品质"是愿伟人泽及万民，不愿他祸国殃民。

  而我想说：我接受卡赖尔的伟人学说，但是我更看重伟人的精神。我所谓"精神"是屡败屡战的韧性，是在一个时代里特立独行的引领精神，甚至表现为无畏无惧的耿介之情……

  谁屡战屡败，还能保持愈挫愈勇的韧性？孔夫子是也。"斥乎齐，逐乎宋、鞡，困于陈蔡之间"，他风尘仆仆，在陌生的渡口向不友善的路人问津，大半辈子都耗在了奔走转徙的路上，最终退而论道。什么是特立独行的引领精神？当出将入相、衣锦还乡成为一个时代的主题时，苏州人张翰却为了家乡的莼菜鲈鱼弃了官，无数仕途失意的文人最终也学着先人采菊东篱下，捍卫精神洁癖成为一个时代里特立独行的精神引领，英雄是也。何谓"耿介"？当个人意志与政治相悖时，不如琴棋书画禅墨丹茶饮谈酒，渐收清望，以见性灵，用不合时代节拍的变调甚至走调，开辟一个全新的思想音域：写《浮生六纪》的沈三白算是英雄；以乖戾偏张的画意来抒发胸中块垒的职业画师唐伯虎算英雄；第一次把《水浒传》《西厢记》从诲盗诲淫的官家判词扭转为自我解放人文主义的金圣叹，也是英雄……

  英雄就是那个走在风雪暗夜荒原上的人，他手中紧握燎人的火把，即使灼痛己身，也不割舍，那火光如同引领生命航程的希望，一旦熄灭，人就会迷失在狼群出没的荒原上，所以，抵死也要保护好那小小的蹿动的火苗。因为信仰比生命更可贵，拥有它，我们便可告白世人，我们便会眼波未枯，我们的心就仍在奔驰。

  内心能有一份坚守的人，便是英雄吧。但英雄一定不能是聪明人。聪明的人明白什么做得什么做不得，懂得选择；更聪明的人明白一件事情该做到什么程度，懂得把握。

  梁老说："一个人如果达到相当年龄，还不失赤子之心，经风吹雨打，方寸间还能诗意盎然，他是得天独厚，他是诗人。诗不能卖钱，一首新诗，如拈断数根须即能脱稿，那成本还是轻的，怕的是像牡蛎肚里的一颗明珠，那本是一块病，经过多久的滋润涵养才能磨炼孕育成功，写出来到哪里去找顾主？诗不能给富人客厅里摆设作装潢，诗不能给广大的读者以娱乐。富人要的是字画珍玩，大众要的是小说戏剧，诗，短短一橛，充篇幅都不中用。诗是这样无用的东西，所以以诗为业的诗人，如果住在你的隔壁，自然是个笑话。"（《雅舍小品·诗人》）——我不想笑，似乎有点想哭。

大山里忧伤的诗

——我读阿来的《蘑菇圈》《三只草虫》

五月,或者六月,第一种蘑菇开始在草坡上出现。就是那种可以放牧牛羊的平缓草坡。那时禾草科和豆科的草们叶片正在柔嫩多汁的时节。一场夜雨下来,无论直立的茎或匍匐的茎都吱吱咕咕地生长。草地上星散着团团灌丛,高山柳、绣线菊、小蘗和鲜卑花。草蔓延到灌丛的阴凉下,疯长的势头就弱了,总要剩下些潮湿的泥地给盘曲的树根和苔藓。

这是一幅画面,春天的画面,春天的平缓的草坡上的画面,透过文字,我似乎感受到的是春天的蓬勃生机,春天的生机在原野、在一草一木之中,呈现出生命的光彩与意义。这些画面是自然的画面,不雕琢、不做作,就像我们的童年,就像童年的生活,无忧无虑,平静、快乐、幸福。读着是美的享受,读者随着文字进入了画面、进入了情景之中,似乎自己也成了春雨下的高山柳、绣线菊、小蘗和鲜卑花,烂漫于五月或六月,多美妙啊。

斯烱却抽不出时间往那条废弃了的老街上去。雨水一停,工作组就组织全部劳动力抢收地里那些因肥力过度而不能成熟的麦子。工作组在动员会上说,收不到粮食,但这些麦草都是很好的饲草,可以把集体的牛羊喂得又肥又壮,庄稼怕肥,难道牲口也怕肥吗?组长有学问,说了一句村里人不懂,工作组里人也大多不懂的话,失之东隅,收之桑榆。这句话经过多次解释,多重翻译,终于让村里人听懂了。这句经过多次

> 翻译的话最后成了这样：太阳出来时没有得到的，会在太阳落山时得到。

原来，这里不是只有画面，还有故事，而牵动人的是故事。我读这些文字，刚开始以为这里的故事只有美、只有单纯、只有与春天山坡上的小花小草那样的美匹配的故事。其实这里还有遗憾，还有伤心，还有意想不到的情节。这些情节会牵动着你，让你与之一起沉浮。虽然有些人应该很善良、应该会善良，往往却不可思议。因为它本不该这个样子。比如，读了上述这段话总会让人有点忧虑，"雨水一停，工作组就组织全部劳动力抢收地里那些因肥力过度而不能成熟的麦子"。抢收不能成熟的麦子，似乎荒唐，可是又感觉他们的动机很单纯、很美好，美好、单纯之中又荒唐。面对这一切矛盾，文字的呈现却是真诚的。有一种童心在其中活泼泼地跳动，如何不像美梦中的哭泣？"太阳出来时没有得到的，会在太阳落山时得到"，作者对"失之东隅，收之桑榆"的理解，同样是笑中有泪，从而通过阅读感染读者。

> 阿妈斯炯弄不准她是认真的，还是只是一句玩笑话。但她心想，我的蘑菇，谁也找不见。她说，我知道，你们就是不肯死心，还要弄那个该死的合作社。
> 丹雅笑了，你的亲儿子都搞不成的事，我还敢想？我不搞什么合作社，我不搞什么公司加农户，这都是些小打小闹的小生意，我要做的是大生意，大事情。
> 你真的不是来打我那些蘑菇主意的。

从春天的画面开始，循环往复，又回到春天，但是其中会经过无数的秋天与冬天。山中的蘑菇是象征。斯炯从小女孩到老婆婆，在整个故事中既是主人公，又不是主人公，她是谁？作者通过她想要告诉人们什么？作者选取的这些画面、这些情景、这些意想不到的简单又丰富的故事，透明又曲折，我被它们吸引，又不忍读它们，为什么？因为这分明是一部历史，一部近百年的中华民族变迁史。一些重大的历史事件在这个看似偏僻、与世隔绝的山里，却又是那么鲜明与合拍。世界上没有"桃花源"，我以为这本是一个"桃花源"，其实却是整个"尘世"的缩影。它是一部童话了的历史，说它是一部童话了的史诗，也不为过。

  丹雅打通了胆巴的电话，阿妈斯炯劈头就说，我的蘑菇圈没有了。我的蘑菇圈没有了。电话里的胆巴说，过几天，我请假来接你。过几天，胆巴没有来接她。胆巴直到冬天，最早的雪下来的时候，才回到机村来接她。离开村子的时候，汽车缓缓开动，车轮压得路上的雪咯咯作响。阿妈斯炯突然开口，我的蘑菇圈没有了。胆巴搂住母亲的肩头，阿妈斯炯，你不要伤心。阿妈斯炯说，儿子啊，我老了我不伤心，只是我的蘑菇圈没有了。

  这段文字，是整部书的结尾，有些怅然，让人掩卷久久怀想。有些悲剧色彩结尾的童话，会具有一种什么样的力量？这段文字与我开头引用的文字相比较，有何差异？这种差异给人什么样的感受？为什么这本童话故事，我会读这么久？我的推介性文字为什么会这么迟才写完？单纯的深刻，是真正的深刻，在美好中蕴藏忧伤，才是刻骨铭心的忧伤。无法言说，才是真正的言说。我似乎达到了这样的境地。行文至此，我可以告诉你这本书的书名了，它十分美好，叫《蘑菇圈》。同时，我还要再推荐作者的另一本同样十分美好的书《三只草虫》。《三只草虫》，同样写的是山里的故事，主人公同样是一个善良的人，善良得让人不放心；心地纯美，纯美得让人不安心。美妙之中渗透忧虑，美好之中让人惊觉。孩子们读了以后，审美能力、思辨能力会变得不一样，人生从此或许会进入新的世界。对孩子们来说是这样，对成人来说，何尝不是如此？谢谢阿来写出了具有诗意的《蘑菇圈》与《三只草虫》，尽管读着让我忧伤。

2018年4月26日

凡事不能重来

——我读史铁生的《合欢树》

史铁生的散文我素来喜欢，尤其是他的记事散文，写他母亲的文字，朴素中蕴含深情，每每读之都会被打动，眼里不流泪，心中也会流泪。

《合欢树》怀念的是母亲。史铁生十岁的时候作文得了第一名，他告诉母亲，母亲挺高兴，说自己这个年龄，作文写得也挺好。有一次写得很出色，老师还不相信是她写的，特意来家访。史铁生装作不在乎的样子。母亲去世之后，他回忆这件往事，虽然是平静的叙述，可掩藏不住心中的怅然、悔愧之意。

《合欢树》记载的中心事件，是母亲于路边捡回了一株含羞草，栽在瓦盆里，第三年才暴出新绿。但她发现不是含羞草，而是合欢树，于是移种到小院子窗前的地上。许多年过去了，合欢树长大了，母亲却去世了。母亲在世时，过的是心里不能再苦的日子。史铁生二十岁瘫痪，坐上了轮椅。母亲想尽一切办法，尝试了一切可能，为史铁生治疗。有一次用了偏方，把史铁生严重烫伤了。母亲一边为他换药，一边自言自语：我很小心的，怎么还会烫伤呢？自责的声音，是让人心碎的声音。可是当时的史铁生并没有感受到母亲的那种无奈、不舍、绝望的情感，只是母亲离去之后，才感受到了这一切。

史铁生于绝望之中，拿起了笔，开始写作。母亲为儿子寻找一切所需要的写作资料，把以前为儿子明知无用仍寻找各种可能治疗的精力、时间，转移到了帮助儿子的文学写作上。母亲对儿子说，你还记得你十岁那年作文获得第一名的事吗？在一切可能唤起史铁生信心的细微之处，给儿子爱的深切鼓励。史铁生第一次发表作品的时候，母亲已经去世了，母亲去世七年之后，他又获得了文学大奖。史铁生的叙述是平静的，可这种平静却是异常地真挚、丰富、深刻。

母亲去世之后，史铁生搬出了母亲居住的小院。小院在一个大院的底部，史铁生曾几次回到曾经的居住之地，老奶奶、老大爷仍然把他当作长不大的儿孙看待。他坐着轮椅，摇进了院子，喝这家茶、吃那家瓜，唠家常、说往常，就是回避提他母亲。终于有一次，邻居对他说，去小院看看那棵合欢树吧，合欢树已经树影婆娑了。史铁生顾左右而言他，有意回避。终于有一天，史铁生想要进小院去看看母亲亲手种植的那棵合欢树，然而，家家扩充了厨房，过道变得越发狭窄，轮椅已经摇不进去了，终成遗憾。

我如此详尽地叙述《合欢树》中的故事，因为我被感动了。史铁生的故事，其实也是我们大家的故事。子女与父母那种最纯真、纯美的情感，是渗透或者掩藏于当初子女的不可理喻、无情无理的言行之中的，如此真实，如此令人追悔莫及，我们都能从中看到自己的影子。史铁生是当代少有的散文大家，他的散文成就如此高，我以为是因为他写出了母亲那般痛苦的爱，以及他事后才明白母亲这般痛苦的爱。史铁生写出了天下母亲的共性，也写出了天下子女的共性，真、善、美的共性。

人最美妙、最动人的情感，是真实的情感。可以有不足，可以有缺陷，但是必须真实、真诚、真心实意，即所谓的赤子之心、赤子之情意。史铁生的《合欢树》即是以赤子之心，写出了赤子之情。他自责、愧疚，他在怀想之中表达对母亲的深深的不可挽回的歉疚。凡事不可再来，正因为时间之流总是向前，绝不回首顾盼、流连，所以人才能拥有诸多复杂矛盾的情感。此一时彼一时，当时并不一定是错，可过了时辰，或许成了过错。如此，历史才有令人惋惜、令人击节叹息、令人想象假如之后的各种无限可能与不可能的一章。

2018年5月20日，于北京

河流上没有了码头

——我读《叶弥六短篇》

我读《叶弥六短篇》，眼前会出现一幅画面：一个江南的小女子，走在那里，或坐在那里。有水，浩大的水面，水中有岛，岛上有寺院，有僧人，也有农人，都是淳朴的，与水面一样，清澈透明。这个小女子，周身有阳光，也有阴影，心中有一块柔软的天地，与她所处的世界相映衬、相呼应。但是，她的内心也有阳光照不到的地方。在没有月光的晚上，她忧郁又颓唐，走在水边，或坐在水边，她的祈求是清晰的，又是朦胧的。那个岛，那座山，那间庙，那个僧人，在叶弥的笔下，平静却不安详。

我读叶弥的小说，分不清是她自己，还是小说中的主人公。美丽的江南，有山、有水、有花、有草，有快乐的日子，为什么还会有寺院，有僧人？也许是她俩在生活中有失望、有失落。也许是在空虚中寻找寄托。孤独，本身就是一种独特的生活方式。可是读了叶弥的小说之后，我又感觉到真正的孤独是不存在的，那些流动的云、荒凉的大地，瞬间都会成为我们的朋友。

她俩是从小街小巷中走出来的，小街小巷是她们的背景，天地不大，却淡雅、优雅。"这么窄小的弄堂口，一错眼就过去了，谁知道这么一个不起眼的口子里竟装着精致的亭台楼阁，一条小河，两座石桥，一片枫杨树林，一个老虎灶。"（《独自升起》）她坐着岁月的小船，摇着阳光、月光，看似平静，背后却背负着苦难，一路风风雨雨地走了出来。"这些生活属于过去，都不是现在的生活。"无论福也罢，祸也罢，快乐也罢，痛苦也罢，都是过去，都与现实无关。果真无关吗？其实，也不尽然。《猛虎》文末，她为什么要写后记？

是怕人看不明白？有一句话很深刻："人与人的对抗中，个个都是猛虎。"

她俩从小河中，走向了何处？走向了蓝湖，也就是在她的几篇小说中都出现过的那个"蓝湖"。"老虎灶后面有一条清水河，据说通着蓝湖，蓝湖涨水时，也听得见它潺潺的流水声。小河洪照见鱼影，照见人影，水边一溜树影一年四季都孤影自怜。"（《独自升起》）"蓝湖"会不会是一种象征？是的话，象征什么呢？"到了香炉山上的观云台，窄窄的上弦月一下子不见了。它不见以后，我更觉得四周的寂静，一丝风也没有。放眼从半山腰往下去，下面就如一条黑漆漆的大河。看久了，双脚恍如腾空，魂若离世。"（《桃花渡》）每个人的内心，都有一个湖，这是隐秘，只有走进去，才能发现它们各有各的不同与美丽。我们不妨沿着这条"黑漆漆的大河"走进去。"花码头镇里有一条从东到西的花码头河，河岸的房屋鳞次栉比，屋前的大青石板油光锃亮，河里船来船往，穿行在俗世的烟火里。"（《桃花渡》）原来，她的隐秘世界还是"俗世的烟火"。

我们真正关注过一个事物吗？哪怕是我们熟悉的窗前的一棵树。它每天一点点细微的变化，我们真正关注过吗？因为太熟悉了，反而会熟视无睹。只有远离之后，再见的一个瞬间，或许我们和它才会有真正的对视。叶弥的六篇小说，分为两类，一类是很现实的题材，反思与批判性的，如《独自升起》《猛虎》《逃票》，写的都是那段不堪回首的十年岁月。这类题材的小说，都是她远离了一段时光之后的重新"对视"，是历史的沉淀经过内心的再次"浸润""体验"所形成的"结晶体"："我只能隐隐约约地感受到：那似乎是与宽宥，与赎罪，与等待——当然，那一定是与爱，与恨，相关联的。"（《明月寺》）是不是说得很明白？

从我个人的喜好来说，我似乎更喜欢叶弥的后一类小说，即六篇里面的《明月寺》《桃花渡》与《香炉山》，都是"我"的故事。"水灵灵"的题材，放荡在水的世界中，纵情写内心的祈求。大多是与水、与岛、与山、与寺、与僧、与男人女人有关的"我"的故事，读来亲切。我读的时候，似乎已经不是一个旁观者，自己也融入其中了。水边的人，以水为生，以水为命，水也把这些赖以生存的事物变成精灵。"山上有一座明月寺，山上花草竹木很多，还有野鸡。山的东面和南面靠湖，湖里有野鸭子。人家说，野鸡与野鸭子交配，生下来的就是凤凰。"(《明月寺》)荒诞却灵动，怪异但美好。有时，我们需要衣衫也需要言语为自己掩饰、表白，但是，在梦幻之中，我们可以脱掉衣衫，也不需要言语的修饰，让本真、本色在不经意中裸露，如这野鸡、野鸭与凤凰。

我曾与叶弥有过一次对话。我对她说，你的这六篇我都读完了，我更喜欢"我"的小说（即以第一人称"我"写的《明月寺》《桃花渡》与《香炉山》）。叶弥回答："我也喜欢'我'的小说。"我又说："我要寻找你的特定的天地场景，你属于小巷，属于小岛，属于柔软的内心，属于那个有一点阴影的美丽幻境。"叶弥答道："我的天地场景都是南方的样子，富足，但不安。"我俩的对话，或许是进入她的小说的通道。她所说的南方，就是江南水乡。她生于斯，长于斯。她的江南水乡，总有一个"码头"，在她的梦中，或在她的现实中。"夜风萧萧，我们走过一段短短的石阶到了湖边。所谓的码头，是一段向湖心延伸的泥堤，也许在很远的时候，它是停泊渔船的码头，但是它现在完全没有用场了，它在月光下面出奇的安静。"(《明月寺》)(《桃花渡》)。码头的意象蕴含着什么呢？她为什么不安？是因为码头本身吗？

码头是开始，也是结束。码头可以是现实，也可以是浪漫。码头的印记是岁月风霜的印记，码头的痕迹也是时代风尚的痕迹。码头会阳光灿烂，也会风雨飘摇。这个"码头"，在叶弥的小说中，早已不仅仅是码头本身了："她像他生命里一个十分重要的人，这个人不见踪影，但时时刻刻存在于他的内心深处。"(《逃票》)为什么码头废弃了？不用了？是水上没有船吗？没有了码头，或者不再使用码头，我们怎么上船？怎么下船？没有此岸，也没有了彼岸。一条河，一只船，也许就是人生的全部。从哪里启航？现在我们丢失了自己，不就是整体的失落吗？回不到过去，也走进不了未来，虽然纠结，但并不绝望，我们还能在自己想象中宽容、平衡，乃至生活。叶弥的小说仍展露希望，就像水中岛上寺边的僧人对我们的微笑。

2015年1月22日

那一抹凄美的梦痕

——读简雄《浮世的晚风》

阅读简雄的《浮世的晚风》,如一次饮茶。在小巷的一间小阁楼上,捡一个朝南的窗口,沏一杯茶,翻阅之,是一种惬意。冬天,没有新茶,老茶之中放一朵花干,同样会有趣味。这些花,曾经在春天的阳光下绽放,现在又能在冬天再一次盛开,是如何地美妙。边喝茶,边咀嚼简雄在书中还原的明清士林的生活图景,如何地恬淡。花干放入茶中,就成了花茶,喝花茶不能用滚烫的开水,它经不起"暴孽"。先倒水,七八十度为妥。一朵玫瑰花干,或者洛神花干,放进茶杯(玻璃杯最佳),看花干在水中苏醒,渐渐苏展,一瞬间,如一朵盛开的睡莲。花瓣上的红晕,一丝丝散开去,一会儿就整个地弥散于茶水之中了。这个场景,就是简雄对待那段历史的场景;这个场景,也是我读《浮世的晚风》感受到的场景。

简雄的《浮世的晚风》,是呈现在他心目中的明清士林场景,是他对这个过去的场景的具体而富有个性的表达。在文本中,他对他所了解与理解的那个过去的士林场景进行了再创造,就像那朵茶杯中的"花干",虽然是它自己,却早已不是它自己了。简雄不让它抽象概念化,而是以一种比较感性的可触摸的方式来把握历史。他在《浮世的晚风》后记中说:"用随笔形式演绎的人物叙事""用纷繁的人物叙事来解读纷繁的精神世界"。而这样的表达,又不是随意的、不负责任的。他说:"要有治史的态度和器局,不能当'小说'来编故事",他追求一种本质的真实,他只是"把明清名士名姬的交往,看作另一种精神视角来深入解读下去"。确实如此。

简雄先后出版的《大户人家》《士风乍起》《浮世的晚风》，都是以明清之际的"风流士姬"为题材的。我以为《浮世的晚风》最成熟。在书中，他是站在"界碑上"投放视野，以文学的随笔、散文样式，呈现他的史学研究成果的。从学术来说，他构建了属于自己的研究明清士林的学术体系与研究方式。三本书，是有着相互联系的一个系列，从头至尾地读下来，可以看清简雄读书、思考、表达的整个过程。《士风乍起》一书中的《士风乍起——明清江南士林精神源流的一种解读》《晚明风气——明清江南士林精神源流的一种解读（续）》《士悦倾城——明清江南士林精神源流的一种解读（三）》，完全可以当作学术论文看，只不过是散文化的学术论文。我以为它们是其他篇目文字的灵魂，是"纲"，文中所阐述的观点从整体上左右着《浮世的晚风》。

简雄是一个学者，至少是一个读书人，他不仅仅再现了明清士林的生活场景，也不仅仅给我们留下了丰富的史料搜索途径，可贵之处在于，他的许多对历史、对社会、对生活的真知灼见："无数历史事实证明我的如下观点——就官场而言，大才子不一定就能成大气候，才子有才子的脾气，官场则有官场的规则，两者大相径庭，说句现在江湖上的话，叫气场不同。"（《士风乍起·士风乍起——明清江南士林精神源流的一种解读》）此观点，他在书中一再重申，比如，他在《浮世的晚风》的《红豆传奇》一文中讲到钱牧斋的时候，就这样说了。在《梦里江南》讲述张岱的故事时，他说了这样一段话："张岱生活的晚明，贫富之间极度分化，区域之间差距巨大，统治集团集体腐败，官僚群体剧烈争斗。握有文化话语权的士林，要么卷入党争，要么醉生梦死。"（《黄卷青灯》）这个体会，最早是简雄在阅读了《明代后期社会转型研究》之后的感悟。他的这类见识，都是触碰到历史发展本质的规律性的认识。

简雄描绘或再现了明清江南士林的生活图景，其实，不仅仅局限于士林，通过士林，还让人窥见了其他阶层，以及政治、经济、文化等社会的全方位图景。这种图景是多元的、立体的、动感的、形象的。仅仅是图景再现吗？也不尽然。他究情、究理，纵横考察，"人性的真实并不是率性的戏说，而是让封存在故纸堆里的历史充满了情感"（《士风乍起·当年文事总关情》）。"想起于丹成名后对媒体披露她的历史逻辑：故事永远比道理容易传播。不过，当全民仅仅只是听故事的时候，历史的分量就注定变成了浮云。"(《士风怎起·浮华与苍凉》)简雄把这种文学性与学术性水乳交融在一起，形成了自己独到的"表达"风格。

我们是不是能够归纳出这种风格呢？比如语言。简雄在书中引用了章培恒对张岱的点评，章说张："在描写刻画中杂以冷峭，时有诙谐之趣"；卞赛当年曾是秦淮八艳之一，曾居住过苏州的山塘街，客人去见卞赛，沉默寡言，可"难得谐谑几句，便迷倒一片"(《浮世的晚风·激楚苍凉》)。读到这两处时，我忍不住想笑：你简雄何尝不如是？你就是这个样子，像张岱，又像卞赛，冷静沉着的叙述之中，突然出现一个"谐谑"的语词，不由得人或微微一笑，或抚掌大笑。大家不妨读读下面的几个语段。

"时任松江一把手方岳贡为搞好精神文明建设，下令驱逐流妓。"(《浮世的晚风·红豆传奇》)"牧斋不管老婆还在，以匹嫡，就是相当于明媒正娶的仪式把柳氏娶回家，实现了柳如是的'独立之精神，自由之思想。'"(《浮世的晚风·红豆传奇》)又如，说江左三大家之一的龚鼎孳，"当初投靠李自成，现政府重用你，却不为工作日理万机，整天喝酒唱醉歌，还要请坐台小姐。甚至，听到老父亲去世的消息，仍旧吃酒唱卡拉 ok，目无政策法规对领导干部行为的约束，排场超规格超礼制"《浮世的晚风·龚顾因缘》。古代的语境、现代的语境，甚至当下的时髦语境，夹杂在他如张岱、卞赛一般"冷峭"的表达之中，严肃而幽默，机智却风趣。他的表达与叙述方式，既是属于他自己的，又能找到渊源，那就是他所津津乐道的明清士林中某些人的风格、情趣。

明清士林生活的那段历史，正如一朵朵被历史风干的"花干"，在简雄的笔下复活了。一个个场景，一个个人物，一件件历史事件，活灵活现地再现了。江南，或姑苏，最多的是水，是河流。岁月在小河里流动，明清士林的生活，曾经激起了涟漪。过去，粉墙黛瓦的人家，以及妓馆茶肆，犹如一阵微风吹过。小桥下的琴声、歌声，在栀子花、玉兰花摇曳的香气中，都曾荡漾成一个又一个嘘唏不已的故事。清雅而缠绵，精致又恩怨，读《浮世的晚风》，我感受到的是一抹凄美的梦痕。

三十多年前,我曾在江南的某个小镇上教书,即《浮世的晚风》所写的那些水乡小镇,也即钱牧斋、柳如是、吴伟业、侯方域、李香君、陈圆圆、张溥、张岱等风流士姬生活的那样的田园小镇。前几天,我又去了那儿,一下子与《浮世的晚风》中所再现的场景对应了起来。那些老屋子,孤零零地以自己最后的姿态残存在那儿。年轻人都走了,老人留下了。至今已上百年,或年岁更长的老屋,倒塌、废弃,满目苍凉,曾经的粉墙黛瓦的房屋,演绎了一段又一段故事,而今安在?

那一刻,在小镇上,我突然发现一堵矮墙上爬满藤蔓,藤蔓之中还有一片红叶,尽管只处于一角,却在斑驳的粉墙上与光影呼应,别有一番情谊在。不是吗?简雄说:"皓首穷'集'(即'经史子集'之'集'),细细爬梳。工作之余,无数个青灯黄卷的夜晚,我在不断的'历史穿越'中找到了无穷的乐趣。"(《浮世的晚风·梦里江南》)不正是那片坚守到最后的"红叶"?"晚明士林用自己的方式承传的一脉文化香火,它需要缘自心灵的坚守与自觉"(《浮世的晚风·梦里江南》),简雄他自己不正是这样在努力吗?这是一份责任。因为历史是我们的过去,历史也可成为我们的现实,更可能是我们的未来。

2015 年 1 月 26 日

从开始就预示了种种可能

——我读《湘夫人的情诗》

在北京,在圆明园,在那个傍晚,我遇到了"湘夫人"。她是当下的一位著名诗人。以前不知道她,也没有读过她的诗。悄然的相遇,是缘。她送我一本书,书名叫《湘夫人的情诗》。在回苏州的航班上,我开始翻这本诗集,几乎一下子读完了。湘夫人的情诗,是作者的情诗?是,好像又不是。那是谁的?让我们来读一下其中的几首。我几乎很少读到这样真挚、单纯的诗篇,感受到的都是情感的冲击、诗意的冲击、灵魂的冲击。

五月,相遇

我们的相遇充满迷惑

你是谁,从哪里来

五月的芳香把我们聚在一起

站在校园里等你,像一个初恋的女人

从开始就预示了种种可能

逃逸的情感像藤一样攀爬着你

在你的眼睛里我已无力

倾听心中坚冰破碎的声音

还有身体，那些没有缝隙的相遇
除了这个房间竟然还有另外的世界
飘荡在没有方向的河流上
你是我唯一可以抵达的彼岸

从此我们消失在现实生活中
重逢如梦想一样不可捉摸
你是谁，要到哪里去
没有了五月我的世界会怎样

读了《五月，相遇》，会让我寻找，是心灵柔软处的寻寻觅觅。我想把你放在一座幽深的森林，那里树隙之间有阳光洒下来，尽管点滴，却很隐秘。但你偏要说出来，偏要说出来"站在校园里等你"。我想把你所有的秘密藏起来，可你偏要在最明媚处高喊"你是谁，要到哪里去"。

"我们的相遇充满迷惑"，我不相信仅仅站在校园里，就会有迷惑，我相信你的梦不仅仅在明媚之处，你的故事后来也发生在幽深的美妙世界里。那是哪里？幽深的五月是什么样子？

我坚信，那仍然是一座迷蒙的森林，苍天隐隐。"逃逸的情感像藤一样攀爬着你"，古木森森，那里发生了不可言说的事情。有无限种可能，其中最有可能的绝唱，"在你的眼睛里我已无力""还有身体，那些没有缝隙的相遇"，这是如何地缠绵，不可思议。你幸福地毫不掩饰地说出了那个一瞬。

湘夫人的形象，已经清晰了。她沉睡两千多年之后苏醒了，肉体的旅行、情感的复苏、灵魂的苏醒。她从古典意识中进入了梦，当她苏醒之时，她已经回归到了现代情怀之中，——抵达了"彼岸"。这一切，都是那个"五月"，——那个始终让人梦魂牵绕的"五月的相遇"，那是当下精神世界与肉体世界最凸显着的文化隐喻。

空 园

一个有雪的元宵节雪打着灯笼在游走
一个爱恋的女人流泪在雪中静止如树
很多事情都在背离着最初的规则出场
还有许多迷离的故事被遗落在小路上

我的诗总是要彻底表达我的爱与忧伤
心头的曲子还没有落下，大地就摇晃
曾经为爱种下的花已满园，春满枝头
我的心里还是空空荡荡，无所依从

爱与情都是我要赞美和表达的字眼
占据了我三百天的美好时间和空间
像一只永不疲倦的夜莺，歌唱爱情
多少人会皱着眉头绕开迷路的荆棘

我也想幻化自己变成一条狡猾的鱼
看见，却永远也抓不着，自由自在
甩开这些让人烦乱的念头和不安
把每一个日子都看成生命的开始

  时光交错，生命交错。三百天的日子终于有了交代，给谁交代？给天地、给爱。爱在哪里？——在那个"花园"。"春满枝头"，曾经的春光，曾经鲜花盛开之后，爱的诗意肆意弥散，而今在哪里？
  有雪的元宵节，本该是一个灿烂的日子。如今，雪下着，"一个爱恋的女人流泪在雪中静止如树"。我无数次想象故事的开始、故事的结局，想象故事开始与结局之间的那些"谜"。尽管,我不知道谜底,但我还是看到了,这个爱恋的女人,在元宵节的下雪之夜,把泪一滴一滴地洒在这个"谜"面上了,多凄婉的谜啊!

恋爱的女人是最美的女人、心底最柔软的女人,也是最痴、最傻的女人。一旦这个恋爱的女人流泪,而且是在元宵夜流泪,——走出门,迎着翻飞的雪花,站立于天地间,静止着像一棵树,这样的景致,将是怎样的?

这棵树,并没有静止。她的内心在诉说:"很多事情都在背离着最初的规则出场",那是她预料得到的,也是预料不到的。这是一个如何清新的女人,只是因为她恋爱着,才会以身相许"迷路的荆棘",刺痛着自己,刺痛着自己的心,可是仍然"像一只永不疲倦的夜莺,歌唱爱情"。

当下的"湘夫人"的形象凸显了,不过,对一个有心的读者来说,这个凸显的形象仍仅仅是雪中的一棵树,可远观,无法靠近。这棵树,在外虽然饱满,可内心"还是空空荡荡"。

唯一渴望的女人

唯一渴望的女人,你成熟在秋天里
像柿子挂在枝头,饱满而摇摇欲坠
生命在你的身体里透明,澄澈,迷人
越过凌乱的枝叶后找到合理的秩序

目光平静如水,精神从容自由
随心所欲暗合天地万物的法则
朗笑遏云,从我所好,幸福随心
大地也会在你的宽广中延伸

执著而不执拗,坚韧却不坚硬
柔软丰沛的身体里芳香四溢

爱从眉梢荡漾到每一个细胞
真挚，包容，接纳和承受变化

波涛汹涌和激情澎湃后的平和
如同一块化石，凝固死亡和重生
连眼泪都是时间和爱情的注释
结晶后重新出发，背影愈行愈远

　　《湘夫人的情诗》的最后两首是《唯一渴望的女人》《唯一渴望的男人》。读这两首诗，我自然会想到屈原的《湘君》《湘夫人》。屈原的《湘夫人》是以湘君思念湘夫人的笔调来写，写湘君如何相思，情意缠绵悱恻。而《湘君》则以湘夫人思念湘君的笔调来写，写湘夫人如何相思，同样情意缠绵悱恻。重温了《湘君》《湘夫人》之后，再来读《湘夫人的情诗》有格外的情趣。两千多年沉睡，一旦苏醒的湘夫人，如凤凰涅槃，她是一个果敢的女性，视爱情如生命，甚至超越生命。她大胆裸露自己的灵魂与肉体，不做作。"成熟在秋天里"，秋已重，可生命还未沉重。"像柿子挂在枝头，饱满而摇摇欲坠"，那是什么意象？哪一个"湘君"见之不心旌摇动？生命的成熟总是与生命的渴望联系在一起的。"生命在你的身体里透明，澄澈，迷人""柔软丰沛的身体里芳香四溢"，简直是一幅著名的人体绘画。

　　这幅人体画，是现代"湘夫人"。她是"从容自由""幸福随心"，开朗、阳光的女性，但又不逾法度："越过凌乱的枝叶后找到合理的秩序"。虽然"湘夫人"是以一种感性的形象出现的，但也不失理性，《空园》中的"很多事情都在背离着最初的规则出场"，与此诗中的"随心所欲暗合天地万物的法则"，正相呼应、顾盼。

　　假如，《唯一渴望的女人》是女人的自我写照，那么，《唯一渴望的男人》则是女人眼中的男人。这个唯一渴望的男人，又是什么样子的呢？

唯一渴望的男人

唯一渴望的男人呀,你的眼神如此迷离
满脸憔悴,头发凌乱,嘴唇紧闭成一个谜
我给了你全部的爱,信任还有爱的承诺
你洞悉我的心,却无法给与匹敌的表达

你如此柔软而温存,裹着我的忧伤前行
化解我的哀痛,包容我的鲁莽和任性
你的平和理性如何能够抗衡我的满怀激情
也许唯有坚硬才让你有足够的力量

三年半,你都是我唯一的渴望和爱
美好的,哀伤的,不屈不挠的生长
身体和身体,心和心,严丝合缝
感受打开,感情升华,生命如此茁壮

渴望一生一世,互相缠绕成唯一
抽象的理念遭遇到现实冰冷的嘲弄
爱不能落地生根,如同鸦片一样虚无
吸过,然后戒掉,然后形同陌路

这个男人眼神迷离、满脸憔悴、头发凌乱,深沉懂爱,"你洞悉我的心",却不善于表达,"嘴唇紧闭成一个谜"。真是不善于表达吗?湘夫人心中或许明白,谜一样的东西会有谜一样的多元性与不确定性。或许"湘君"是一个理性的人,"你的平和理性如何能够抗衡我的满怀激情",湘夫人的爱是炽热的,勇敢而不遮不挡。"三年半,你都是我唯一的渴望和爱",读到此,我分不清这是诗人在写诗，还是现实中的"湘夫人"进入了痴迷状的幻境。

　　读完整部诗集，我又读了作者的"跋"，跋中引用了一段朋友的话："这个时代的女人爱男人，也爱女人。这个时代的男人，不爱女人，也不爱男人！这个时代到底出了什么问题，只有女人在这个时代还在爱着，挣扎着，快乐着，苦痛着。"我震惊了，原来女人当下是这么看男人的。"湘夫人"的原型在现实生活中是什么样子的？"身体和身体，心和心，严丝合缝。感受打开，感情升华，生命如此茁壮"，那是爱中的感受，每一个人都会被这样的爱感染。可是，这首《唯一渴望的男人》最后的诗句，却是这样的冷酷："抽象的理念遭遇到现实冰冷的嘲弄。爱不能落地生根，如同鸦片一样虚无。"如何地悲凉与惨痛，这是全部诗集的结束，难道不是"湘夫人"故事的结束？读完，我无话可说，只是对着窗外的夕阳，兀自枯坐。

2017年12月8日，于西花园

童话的旷野上有森林、河流
——读《高洪波文集·儿童诗卷》

读罢本书，我眼前自然出现一片景象：无穷无尽的旷野，旷野上有山有森林有河流。山上、森林里、河流中，有无数善良、美丽、智慧的小生灵，他们快乐地生活在那里、嬉戏在那里、成长在那里。那里是孩子们的世界，可以说孩子们自己想说的话，唱孩子们自己想唱的歌，做孩子们自己想做的事。思想是孩子们自己的，表达方式是孩子们自己的，每一天、每一刻的喜怒哀乐也都是属于孩子们自己的，总之，在这里，孩子们自己是自己的主人，自己也是自己的仆人。

我喜欢高洪波的故事、高洪波的文字、高洪波作品的表达方式。有一颗儿童的心、有一种儿童的心态，是美好的。能始终站在儿童的立场，以朋友的姿态向儿童讲故事、阐述道理，一切都在轻松、愉悦的过程中完成，这就是高洪波的儿童文学作品。高洪波的儿童文学作品，是美丽的旷野，河流是清澈的、天空是蔚蓝的、森林是绚丽的。他的诗歌、散文、童话，都弥散着整个人类童年的气息。他所营造的世界，既是世外桃源，又不是世外桃源，而是现实世界的折射，可又是经过诗化了的现实世界，融入了未来的理想，但这样的理想，又给人亲切、亲和、亲近的感觉。孩子们喜欢，读了在不知不觉中不仅获得了知识，情感、态度、价值观也会浸入他们的心灵。其实，高洪波的儿童文学作品不仅孩子们喜欢，成人也会喜欢，他作品中洋溢着的那种正气与智慧、善良与浪漫，无论是谁，都会在不经意间得到启迪，在淳朴的境界中，被感染、被感化。

我们看高洪波是如何写他的"森林"的？他写了一条"森林小路"："红花灼灼，绿草簇簇，树叶铺一层厚厚的地毯，地毯上站满美味的蘑菇。谁是这条小路的主人？小花鹿最爱在这里散步。他认得每棵树上的小鸟，他尝过每株草上的露珠。也许对小路过于偏爱，小花鹿不愿独享幸福，他找来松鼠、黄莺、穿山甲，一起在小路上唱歌跳舞。"他的"森林"里还有一条小河："小河里顿时变得静悄悄"。这座森林多美妙啊，还有一个"月牙儿"。月牙儿像什么？"妈妈说：像收割秋天的镰刀"；"爸爸说：像引人发馋的香蕉"；"我说：像夜妈妈，翘起的嘴角。她微微一笑，眨眼的星星们就哼起好听的歌谣……"身处其中，如何不让人内心柔软。高洪波的"森林"为何这样柔美？因为森林里有一群傻人，我找到爸爸："爸爸，您怎么那么高，那么大？你能变小吗？变成小哥哥，和我——过家家。你当爸爸，我当妈妈，要么一起当小兔，在草地上乱爬。"（《傻的困惑》）这些傻人，其实是一群童真的人。"我想把小手，安在桃树枝上。带着一串花苞，牵着万缕阳光。悠呀，悠——悠出声声春的歌唱。"（《我想》）

高洪波的散文，是为孩子们写的，真诚，是他的本色，清爽的文字，简洁而又奢华的叙述，读着似乎有一股清泉在心里流淌。他的散文融入自己童年的经验与向往、梦想。如："于是四处寻找木头，为削制得心应手的'冰嘎儿'，就差没把椅子腿拿来'废物利用'了"，我以为，他写的就是曾经的自己。"大陀螺摇头晃脑，挺着肚皮一次次冲过来，我的'鸭蛋'则不动声色地闪躲。一次次冲击，一次次闪躲，终于到了无法避开的地步，它们狠狠地撞上了！"多生动，自己没有经历过，如何写得出？"奇怪的是，我的陀螺个头虽然小，却顽强得出奇，明明被撞翻在一边，一扭身又能照样旋转——显然是物理作用的效应。加之它圆头圆脑，好像上下左右均能找到支撑点来进行旋转似的。结果呢，大陀螺在这种立于不败之地的对手面前，人仰马翻，十分耻辱地溃败了。"在这样引人入胜的叙述、描摹之中，自然而然地阐述了"人不可貌相，海水不可斗量"的道理。道理蕴含在浅显的事件的叙述之中，最后点明，水到渠成。《忆蛙》也是这样，行文最后，作者说出了最想说的话语："人，是一切动物的坟墓。这当然包含了许多愤世嫉俗的偏见，但从人类对于生物资源的破坏角度来看，也不乏一定道理。"

　　心灵是美的，眼睛自然是美的，高洪波总是赋予事物美好，如《忆蛙》，"反正每逢雨天，水塘里蛙声大作时，只见那雄蛙眼旁突起两朵气泡，一收一缩，很像京戏里的武小生，这时我总觉得蛙的英武与俊气，实在令人喜爱。"他对这种美的描绘，总是如此细腻，如工笔画。这里包含着对童年生活的向往，如北京城里的蝈蝈笼；对逝去的美好生活的憧憬，如过年，那时实在是儿童最盛大的节日，他们的惬意、欢快与肆无忌惮，唯在过年时可宣泄得汪洋恣肆；对那个时候美妙少年校园生活的念想，如课间生活，刹那间一群独脚蹦跳的男孩子撒满了操场，此起彼伏，你追我赶，那情景煞是雄伟壮观、惊心动魄。

　　高洪波的童话，确实美，美得像梦境，像小生灵的绮丽的梦境，如《波斯猫派克在冬天的奇遇》中名字叫派克的猫："两只颜色不同的眼睛，一只金黄，一只碧蓝。在夜晚的灯影下，金黄的眼睛转为亮绿色；碧蓝的眼睛呢，又闪烁成火红的宝石。"这只猫，如狮子，又如美少年，"脖子下有一大圈长长的毛，走起路来如波浪般耸动，这一点很像一头狮子——森林大王、白狮子雷欧的模样"。童话里的世界，让人流连忘返，"大海很大很大，海水很蓝很蓝。蝴蝶鱼在海面上滑行，和海豚们开着放肆的玩笑"。"在高大的棕榈树下，阳光静静地漏下来，漏在一匹卧在树下酣睡的骆驼身上，阳光的手指调皮地揿在骆驼的眼帘上"。"他用自己的尾巴蘸满了墨汁，在一张宣纸上尽情挥毫，不一会儿，一幅大泼墨、大写意的山水画成功问世"。

　　高洪波童话中的美，确实是现实世界的反映，如《寻找鸟石的秘密》中，"天下最要紧、第一要紧的是功课和作业，第二要紧的是鸟石，毛猴和黑熊嘛，一、二、三、四、五，只能挪到中间的'三'字上"，多真实。高洪波的童话更重在创造理想的境界，美妙，不可言说却被言说；温情，不可体验却被体验，如《鱼灯》，"红尾忙什么？搜集阳光。红尾用什么搜集阳光？用尾巴"。真是一个想象的世界，飞翔的世界，所有的生命，无论花卉草木飞禽走兽，都能说话，都有思想都有情感，"今天小红尾跷起扁扁的尾巴，鳃一张一合，两只船桨样的鳍奋力划水，以便保证尾巴上翘的时间长一些，好让暖暖的太阳光温柔地、仔细地涂抹自己的尾巴"。充满美、充满善，充满诗意，灵动而温情。

高洪波是一个生来几乎就是为孩子写作的人，他的人生经历丰富，去过许多地方，从事过不同的职业，天南海北都留下了他的足迹。丰富的阅历，给了他诸多的人生思考，他把他的人生感悟转化为一句句有温度的文字，献给孩子们，这是上苍通过他，把上苍的礼物转交给了孩子们。孩子们有福了。高洪波文集中有三类作品：诗歌、童话、散文。诗歌是旷野里的森林；散文是森林里的一口湖；而童话，则是森林里的梦境。

2017 年 3 月 4 日

在最柔软处的相遇

——与《与点：我的时光之书》作者的阅读通信

与点，我此刻翻开你这本时光之书，斜靠在沙发上，任江南早春的阳光照在身上，光影浮动，一杯茶，放在边上，很是自在。

我读你这本书，没想过系统读。看了序，又翻到最后一页，是去年八月你在西藏时所拍摄的照片。我嘴角出现了一丝微笑，那个时候，我也在同行的队伍之中。那时，我们刚认识不久。一丝疑问闪过，你去过许多地方，经历过许多，为何单用这张照片？

我随意地读到了《最好的礼物》一文，开始时漫不经心。读你如何做孩子的榜样，读你如何写父亲日常的点点滴滴。当我读到你写父亲生命的最后四个小时，读着，读着，我斜靠着的身体挺直了，动容了。父亲的最后时刻，你说，脚开始凉，你明白，这样的凉会一点点上升，上升到胸口的时候，他就去了。你说，想睡一会儿，就在父亲的床上，几乎已经沉迷的父亲听到了，微弱地说"可以"，然后挪动身体，让出地方，你躺下，就这样一直陪伴着。那是一种什么样的亲情？最后的四个小时，你就如此地躺在父亲的身边，与其说你陪伴父亲，不如说是你让父亲最后再陪伴你。在这人生最珍贵的四个小时，无须做什么，也无须说什么，这样的状态即能够泣鬼神。你说，你竟然睡着了，就在父亲身边睡着了。读到此，我站起来，又坐下，不平静了。我想到了我的母亲，想到了我母亲临终的那几天。母亲是九十一岁去世的，去世后四十天，我想念她，写了一篇文章《我的母亲》。有一个细节，是母亲去世后二哥告诉我的，临终前的几天，二哥在医院陪伴她，为了让母亲安心，躺在母亲的床上，一个九十一岁的母亲，一个五十九岁的哥哥，共盖一条被子，共枕一个枕头。二哥说，垂危的母亲半夜还会为他掖被子呢。

阅读，是在内心的柔软处与美好、善良相遇。读到这时，我再不敢漫不经心了，虽然仍然是跳跃着读，但专注多了，阳光仍然照在我的身上，光影斑驳，茶放在边上，还是满满的，一口没有喝。

邱林，一个熟悉的名字跳出来，是我们在西藏山南遇到的那个援藏的旅游局长吗？是的，是他，一个真正把自己的青春和所有献给西藏的湖南人。你曾对他做过采访，与他前前后后有许多交往的故事，但最打动我的是你如何替他寻找离家出走的儿子。他的儿子被寄放在长沙老家，没有父母陪伴，遇到挫折，十多岁的孩子竟然离家出走了。邱林从西藏赶到长沙，打电话给你，说儿子丢了。这篇《邱林的故事》分明是为邱林找儿子的故事，写你如何焦虑，如何想尽办法。你是媒体人，有许多朋友，你一个一个电话打过去，请求他们能在媒体上做些事情，为邱林寻找儿子发出信息与提供方便，几乎是哀求。你说，那天你坐在电视旁，以为会出现信息，可是这个频道没有，那个频道也没有，你哭了，几乎是泪流满面。你说你曾经是一个媒体人，与媒体如此亲近，可是怎么竟如此冷酷呢？冷酷两个字你没有说出来，是我此刻说的。十天没有消息，十四天仍然没有消息。你正好去北大采访，便告诉了北大的朋友，让他也想想办法。于是，《北京青年报》介入了，几天之后，大篇幅的邱林援藏事迹以及邱林儿子丢失的事件在《北京青年报》刊发了。此报道当时在全国产生了很大的影响力，一时成为街巷热议，邱林的儿子终于找到了。

去年八月你去山南，第一次在山南见到邱林与其夫人，以及邱林的那个又高又帅的儿子。我也在场。恕我麻木，我当时根本没有体会到那个瞬间的意义。邱局长带领着我们参观桑耶寺，向我们介绍桑耶寺的壁画、唐卡，俨然是一个西藏人。大家喝酒、喝酥油茶、献哈达、唱歌，好不快乐。可当晚我发起了热，昏昏沉沉梦幻不断。你和朋友联系了邱林，他说一定要去医院，他自己先去医院挂号。他给我们安排好了一切，匆匆而去，那天是他值班，他让夫人留下照顾我，她是一个异常淳朴的妇女。我坐在板凳上等待验血，你站立一旁，我如一只瘟鸡耷拉着头，你见我眼镜沾上了灰尘，小心取下，细心地拭擦。我感觉到你的温情，那是对所有生命的温情。我得的是肺水肿，是高原上很危险的病，被强制住院治疗。读你的《邱林的故事》，又让我想起，西藏、长沙、邱林、与点，这一切都是美好的，成了我美好的记忆。

"这是第一次直呼你的名字。此前的十一年里，我叫你罗大哥。两个小时前，你躺在长沙殡仪馆里"，这篇《青春祭：写给LW》，开头就是这样让人又不得不坐直身子阅读的篇章。读完，我站起来，一个人在房间走来走去，停下，又走来走去，走到窗边，拉开窗帘，仰望外面的世界。

每一个人都有内心最柔软的地方，罗大哥是你心里最柔软的地方长出来的一棵树。青春祭，祭的是纯真岁月。罗大哥对你是如此地倾心，被拒绝之后，仍然倾心、坦然地对你。在他火化两个小时之后，你泪流满面地写了这篇祭文。我想到了徐志摩失事后林徽因的祭文。或许，有人会说，我把你们与徐林相比不是太妥当，他们是大名人，而你们是普通人。但我坚信，无论是谁，在心里那个最柔软的地方流淌的爱、情感应该是一样的。我佩服你的理智、理性，年少时即能如此节制，面对火一般的爱时能够如此沉静。我佩服你的坦诚、感性，在自己有了天意的归属，为人母之后，还能如此"裸露"，面对世俗泪流满面。你说，"留下的资料，全是光明而正面的印记"。而那些可能最弥足珍贵的呢？你说"那时我的婚礼即将举行，在这之前，我毁掉了主流情感之外，一些温情的证据"。我相信，天底下不是只有你一个人这样做，从古至今"懦夫"多，掩饰多，"虚情"多，连"爱"都会染上"功利"的色彩。人是最坚强的，也是最无奈的。许多时候，我们并不知道我们真正需要什么，也不知道什么才是对自己最有意义的。许多时候，我们不会珍惜轻而易举就能得到的东西，包括情感，不会珍惜身边的、平常的一个微笑，一句忠告。远方有诗，近邻就没有诗了吗？我们每一个人都不例外，只是或多或少而已。回味已经惋惜，惋惜已经晚矣。你没有错，我们有太多的理想、太多的愿望，为了生存的需要，有时无暇顾及自己有什么。然而，你敢流泪。你敢在这特定的时辰，这样"直接地面对本心"。这个世界什么是最宝贵的，这个世界之所以还值得人们留恋、依恋，正因为人的心里还会有柔软之处。你的柔软之处敞开了，而我们呢？

与点，你的这本"时光之书"，是你已经走过的路，是你的一段历史。如何不能把它看作是一部工作史与情感史呢？编年的脉络，分明在路上留下了一行清晰的脚印。我阅读它，也似乎在阅读自己，书中的许多篇目，触动了我生活的回忆。

你的"时光之书"是一本真实的书，就像西藏天地那样的真；是一本美丽的书，就像西藏山水一样美，正如你的那张西藏留影。这是时光让人"相遇"的书（那一次我们在西藏同行，那样的相遇，还不是真正的相遇，而这本书的相遇，才是真正的相遇），这样的相遇在人内心最柔软处，让人不忍匆匆离去。我希望你以后再写出更多这样的好书来，对阅读者来说，定会是精神的升华。

2016 年 3 月 13 日

褪色的青衫里,究竟藏着什么法术呢?

——余秋雨散文阅读断想

二十年前我就开始读余秋雨,此刻又再读。余秋雨的散文像什么?我一直想找一个对应的意象。我看到一幅图,瞬间有了灵感。他的散文,像画中的一棵树,黄昏苍茫的原野上的一棵树。天空笼罩在金黄色的晚光之中,大地上雾霭浮动,那些浮动的雾霭如一场梦,朦朦胧胧。这是一棵从远古时期就挺立于那儿的树,夕阳挂在树梢,如同金色的火红的人类的渴望。余秋雨的散文,特别是历史散文,就是这样的状态、情形、情景。他的时空观,即是他的视野。他就是那棵树,他把自己的情思寄托在这棵树上,审视历史、审视历史人物、审视历史事件,然而他的审视不仅仅指向过去,他会猛然回过头来,回到当下。他的树上,栖息着许多鸟儿。鸟儿与他一样,也有一双敏锐而智慧的眼睛,投向历史,投向现实。这些鸟儿会飞翔,带着历史的余温、现实的热情,飞向未来,——我相信余秋雨的散文一定是这个时代留给未来的礼物,那些树上的鸟儿,会带着她们飞翔。

历史是不清晰的,每一个人在回望时,看到的只是他自己想看到的。可是有的人的回望和表述,人们容易接受,并相信了他,因而历史活了起来,充满了现实感,似乎这些人就在我们周边,这些事就发生在我们身旁。余秋雨的历史散文,给我的感受即是如此。读他的散文,似乎与他正经历一场场现实的旅行。过去读《文化苦旅》是这样,现在读他更多的书依然如是。

余秋雨说:莫高窟门外,有一条河。过河有一片空地,高高低低建着几座僧人圆寂塔。塔呈圆形,状近葫芦,外敷白色。我去时,有几座塔已经坍弛，还没有修复。塔心是一个木桩，塔身全是黄土，垒在青砖基座上。夕阳西下，朔风凛冽，整个塔群十分凄凉。

莫高窟之苍凉，何尝不是文化之苍凉。苍凉的不仅仅是外在，更是内心。在这样的气质之中，当年的我步入余秋雨给我们设置的文化苦旅，与他一起浮沉、一起悲喜、一起沐浴阳光星光、一起经历风雨冰霜，何其不一般？

余秋雨说：沙漠中也会有路的，但这儿没有。远远看去，有几行歪歪扭扭的脚印。顺着脚印走罢，但不行，被人踩过了的地方，反而松得难走。只能用自己的脚，去走一条新路。回头一看，为自己长长的脚印高兴。不知这行脚印，能保存多久。

看似平常的叙述，轻松的文字，却是沉重的人生哲理。我们不能重复别人之路，必须有自己之路，尽管我们走过的路也会被别人忽略，也会一瞬间被沙漠之风沙覆盖。但是，我们仍然要向前走去，永不言弃。读着读着，我似乎与余先生对起话来了，这不是历史的对话、人生的对话吗？

余秋雨说：王维诗画皆称一绝，莱辛等西方哲人反复论述过的诗与画的界线，在他是可以随脚出入的。但是，长安的宫殿，只为艺术家们开了一个狭小的边门，允许他们以卑怯侍从的身份躬身而入，去制造一点娱乐。历史老人凛然肃然，扭过头去，颤巍巍地重又迈向三皇五帝的宗谱。这里，不需要艺术闹出太大的场面，不需要对美有太深的寄托。

对唐朝诗人王维的认知，在余秋雨笔下是沉郁而沉重的。在我看来，余秋雨俨然就是这个"历史老人"。他凛然走进了历史的深处，那边有历史的真相、历史的原点、历史的时而俊俏时而芳草鲜美的本来场景。可他又不局限于民族的视野，他的视野投射在整个人类文明的历史进程中，在那儿寻找坐标。王维就在坐标的最显眼处，随意地进出（对别人是封闭的，对他却是敞开的）"诗"与"画"的两扇大门。

这段文字耐人思考，又画面感极强，让读者停留，不忍着急离去，不得不离去时，又忍不住几次回头。余秋雨的文字就有这样的磁力。余秋雨的话语方式有什么特点？余秋雨的散文，既是连绵的山峦，又是奔腾的江河。

余秋雨说：中国古代，一为文人，便无足观。文官之显赫，在官场而不在文，他们作为文人的一面，在官场也是无足观的。但是事情又很怪异，当峨冠博带早已零落成泥之后，一杆竹管笔偶尔涂画的诗文，竟能镌刻山河，雕镂人心，永不漫游。

这段话很深刻。纯粹的文人，走不远，走远了人们也视而不见。一旦为官，他的官势必定压倒文势，为文的一面微不足道。可是，当时光流逝，他成为往事，成为回望的历史的时候，凸显的却只有当初不显眼的诗文成就。这说明什么？做官是爬山，为文是植树。树只有种植在山顶之上，地位才高，远而视之，巍峨、挺拔，无限风光。树只是种植于山脚，则地位卑下，长年累月，掩藏于角落，无人可识。如何能从文化的视角去撼动官本位？

余秋雨说：文人的魔力，竟能把偌大一个世界的生僻角落，变成人人心中的故乡。他们褪色的青衫里，究竟藏着什么法术呢？

自信，典型的余秋雨的自信，即是文人的伟大自信，也是自言自语般的自信，可又是整个人类文化不可缺的自信。在余秋雨这样的自信情绪的感染下，我也会不由得灵魂舞动起来，手舞足蹈，把自己的小天地当作世界的大天地，文人的理想成了人们共同的理想，文人的异乡成了大家的故乡。

读余秋雨的散文，几乎是随他进入历史的隧道，隧道里有明亮的窗口。我们不妨在窗口停留一会，眺望几个重要的历史文化场景，相遇几个人，相遇几件事。

余秋雨说：我曾有缘，在黄昏的江船上仰望过白帝城，顶着浓冽的秋霜登临过黄鹤楼，还在一个冬夜摸到了寒山寺。我的周围，人头济济，差不多绝大多数人的心头都回荡着那几首不必引述的诗。人们来寻景，更来寻诗。这些诗，他们在孩提时代就能背诵。孩子们的想象，诚恳而逼真。因此，这些城，这些楼，这些寺，早在心头自行搭建。待到年长，当他们刚刚意识到有足够脚力的时候，也就给自己负上了一笔沉重的宿债，焦渴地企盼着对诗境实地的踏访。为童年，为历史，为许多无法言传的原因。有时候，这种焦渴，简直就像对失落的故乡的寻找，对离散的亲人的查访。

读了这段文字，我眼前呈现出人们前往这些文化圣地朝拜的画面，这是流动的画面，生生不息感人的画面。这时候，余秋雨的画外音缓缓地道出，如陈铎在《话说长江》中的配音，深沉而有魅力，听着听着，尽释人们心头的疑虑，又如甘霖似地滋润"还乡人"长途跋涉中的心灵饥渴。

每一个读书行走的人都有自己读书与行走的姿态。余秋雨的姿态是什么样的？他的状态是一种自觉、自由、自信的状态。

余秋雨说：我被山西商人那种精神及眼界震撼。在自然条件艰苦的前提下，他们没有自怨自艾，没有你争我夺，没有把有限的精力花费在自己脚下那片贫瘠的土地上，他们也没有揭竿而起，而是将目光对准家乡以外的世界。虽然这目光是懵懂的，是幼稚的，但就像当年放眼看世界的严复一样，都是一个创举。当然他们也有自己的缺陷，但是他们还是一群可敬的人们，一群纯粹的商人，一群以智以力，以勤以苦，取尽天下财的人。

我去过平遥，知道那儿是中国历史与文化的宝藏之地。可是我不知道宝贝在哪儿？读了他的文字，我一下子就明白了，宝贝就是那里的气息、那里的独特文化、那里的地理环境、那里的一群群不一样的人。我依稀又站立于平遥古城下，一下子苏醒了，那是文化的苏醒、历史的苏醒、审美的苏醒，是生命的自觉。

余秋雨说：不管你今后如何重要，总会有一天从热闹中逃亡，孤舟单骑，只想与高山流水对晤。走得远了，也许会遇到一个人，像樵夫，像隐士，像路人，出现在你与高山流水之间，短短几句话，使你大惊失色，引为终生莫逆。但是，天道容不下如此至善至美，你注定会失去他，同时也就失去了你的大半生命。一个无言的起点，指向一个无言的结局，这便是友情。

余秋雨所说的，不就是我当下阅读他的散文的情形吗？静静地坐在那儿，阳光照着自己，只有流水的声音、鸟飞过的声音，才有内心的声音。读他的文字，有时读着读着就会大惊失色。果然，他写道：

夕阳下的绵绵沙山是无与伦比的天下美景。光与影以最畅直的线条进行分割，金黄和黛赭都纯净得毫无斑驳，像用一面巨大的筛子筛过了。日夜的风，把风脊、山坡塑成波荡，那是极其款曼平适的波，不含一丝涟纹。于是，满眼皆是畅快，一天一地都被铺排得大大方方、明明净净。色彩单纯到了圣洁，气韵委和到了崇高。

历史散文写到这个程度，是令人惊讶的。美文创造美景。读余秋雨的散文，不仅仅是在读书，还在行走，在他呈现的历史场景中行走，在他创造的天地山水之境中行走。我们读什么样的书，行什么样的路？两者如何结合起来？读余秋雨的历史散文，即如是。何为自觉的状态，如何辨别？我们进入其中，徜徉其中，不可分离了，被他的文字感动得"信以为真"了，这便是。

确实如此，读余秋雨的散文，如同进入藏书丰富的图书馆。他是读过这些书的老师，带领我们进入历史文化典籍的海洋，在那里指点历史文化的风光。我们坐在小船上，这个小船就是他的文字，我们随他的文字一起浮沉，与他一起看日出日落。

我读了余秋雨的散文，有什么感悟？仅下述一段文字即让我吃惊，吃惊什么呢？因为这样的现象不只针对莫高窟，而是跨越时空，跨越领域，跨越生理心理。余秋雨很可爱，就像《皇帝的新装》中的小男孩。过去、现在、当下，所有的成年人都必须毕恭毕敬地向这位小男孩致敬：

> 莫高窟以佛教文化为主，怎么会让一个道士来当家？中国的民间信仰本来就是羼杂互溶的，王圆箓几乎是个文盲，对道教并不专精，对佛教也不抵拒，却会主持宗教仪式，又会化缘募款，由他来管管这一片冷窟荒庙，也算正常。

读余秋雨的散文，如进入竞技场，一场场历史的竞技，人生的、文化的搏斗开始了，而余秋雨就是那个解说员，快嘴，犀利，说得痛快，不时地评点、指点，激起一个个高潮，高潮不是历史文化事件本身，而是他的解说激起了观众、听众内心的狂澜。他说：

> 我想，藏经洞与甲骨文一样，最能体现了一个民族的文化自信，因此必须猛然出现在这个民族几乎完全失去自信的时刻。

这段话，如同说书时到了关键时，说书人在桌子上重重敲了一下醒木，惊醒自己，也惊醒听众。从此剧情开始了转折，风云变幻，一段新的旅程开启了。此刻，我正在这样的美妙旅程之中，不能自拔。借用余秋雨的一句话结束全文：褪色的青衫里，究竟藏着什么法术呢？

2018年元旦，于石湖

这里没有标准答案，《老人与海》不是一部小说
——我的阅读随想

《老人与海》，我怎么看都不像是一部小说，而是像一部画面化了的哲学著作，或者是不分行的史诗———一部人类心理史诗。

因为这部《老人与海》，海明威获得了诺贝尔文学奖，从此研究、评价《老人与海》的文章、文字汗牛充栋。我再来评说它，似乎无话可说，可是我还想尝试找话来说。

美国前总统约翰·肯尼迪曾说："几乎没有哪个美国人，比欧内斯特·海明威对美国人民的感情和态度，产生过更大的影响。"

张爱玲说："我对于海毫无好感。在航海的时候，我常常觉得这世界上的水实在太多。我最赞成荷兰人的填海、捕鲸、猎狮，各种危险性的运动，我对于这一切也完全不感兴趣。所以我自己也觉得诧异，我会这样喜欢《老人与海》。这是我所看到的国外书籍里最挚爱的一本。"

一位伟大的政治家着眼于情感与态度，他所看重的是《老人与海》的社会影响；一位闻名中外的文学家着眼于兴趣与美感，她所看重的是《老人与海》对自己的人生好恶变化产生的力量。

或许我可以率性、随性地说一些断断续续、零零碎碎的感悟。

海上的老人，本就是孤独的象征。老人在海上，是人生的无畏与勇敢。老人与海，是人生的残酷与人生的自信。海上的故事，是单调的故事，又是内心丰富与复杂的故事。鱼是海与老人之间的媒介和载体，鱼是隐喻，是醒悟，是不可言喻。许多事情，本身在那里，又不在那里。老人与海，是残忍又是情

怀，我们读《老人与海》，是读整个人类与整个世界。

我读海明威的作品，总会与他本人融为一体。《老人与海》与《乞力马扎罗的雪》中的主人公都是硬汉形象，这两篇放在一起读，或更有趣味。一山一海，都是搏斗者的故事。当年他获得诺贝尔文学奖，主要是由于《老人与海》，其获奖评语中说："因为他对叙事艺术的精通，突出表现在他的作品《老人与海》中，同时也因为他对近代文体风格的巨大影响。"在我看来，海明威的叙事风格简单而又单一。一个人的经历、故事、场面，都是属于这一个人的，一条"流线"，自说自话地向小说深处流去，中途不断有故事、往事、反思，流入主体，再一路结伴慷慨急越而去。我不把这两篇小说当作小说读，而是当作诗与散文来读。宏大叙事加上细节的处理嵌入，使他的情感、情思如长江黄河，一路澎湃而下，每到一处，都有支流汇入，更汹涌而去。——要想读离奇的情节这里没有，这里只有情感、思绪自我搏斗的河流。

1954年12月10日，海明威因身体原因，没有参加在斯德哥尔摩市政大厅举行的诺贝尔奖颁奖仪式，他提交了书面发言，由美国大使代读，其中有这样的话：

> 一个人的作品中的某些东西可能不是马上就能被人辨别的，有时这对于他来说是件幸运之事；但它们终将变得十分明朗，凭着这些东西以及他炼金术般写作能力的大小，他将名垂青史或被人遗忘。

我相信《老人与海》中的某种东西至今并不一定能被人们辨别、识别与真正认识。单是文中的隐喻，我们都已经辨别、识别与理解了吗？它是人的精神宇宙。被海明威说中的是：本书确实变得十分明朗，他炼金术般的写作已经名垂青史。

他的书面发言，还有一句话让我惊醒，他说："写作，在最佳情况下，是一种孤独的生活。"从某种程度上说，老人圣地亚哥，是海明威的影子。海上的孤独，何尝不是作者内心的孤单？我们不妨来体验一下圣地亚哥是如何孤独的，让我们一起来"细节欣赏"，从细节中看人物，在细节的突显中感受人物形象的魅力。

书中开篇是这样介绍老人的："他是个独自在湾流中一条小船上钓鱼的老人，至今已去了八十四天了，一条鱼也没逮住。"生命河流上的孤独，只有付出，没有收获，面对之，情何以堪？

"他身上的每一部分都显得老迈，除了那一双眼睛。那双眼啊，跟海水一样蓝，是愉快的，毫不沮丧的。"

老人的孤独又是所有孤独中的最孤独的，难以忍受的是孤独中竟然还留有一双与海水一样蓝的眼睛，清醒中的孤独谁能忍受？老人竟然忍受了，而且还能睁大、睁亮海蓝似的眼睛。

海上，是人生的舞台。

老人圣地亚哥到了日暮之年，一再遭受挫折，仍然顽强地在海上拼搏。文中有一段描写："风在不住地吹，稍微转到东北方去，他知道这就是说风不会减退了。老头儿朝前面望了一望，但是他看不见帆，看不见船，也看不见船上冒出的烟。只有飞鱼从船头那边飞出来，向两边仓皇地飞走，还有一簇簇黄色的马尾藻。他连一只鸟儿也看不见。"

这时的海上没有风景、没有船、没有帆，也没有烟，连一只飞鸟也看不见。能看见的是什么？是空无、是空寂、是虚无。所剩下的只有"孤独"，孤独是一个精灵，在海上徘徊、形影不定，却像空气一样无时无处不在。圣地亚哥老人情中生景，生出这一片令人有些伤怀的情景。

终于，大马林鱼出现了。人生最后的搏斗开始了，书中是这样描写的：

> 大马林鱼开始快速地围着小渔船游动，将缆绳缠绕到了桅杆上，老人右手高举着钢叉，在它跃出水面的一瞬间，竭尽全力地向它的心脏掷去，一声哀鸣结束了大鱼的生命，它静静地浮在水面上……

这是一幅英雄的画面，瞬间的举动让老人永恒地定格了。

老人和大鱼一直相持到日落，双方已搏斗了两天一夜，老头不禁回想起年轻时在卡萨兰卡跟一个黑人比赛扳手的经历。

　　这需要何等的勇气，何等的毅力？人生暮年依然如此，需要何等的付出？年轻时，正当身强力壮，与一个黑人掰手腕，僵持不下，旗鼓相当，引来观赏者无数喝彩。如今在海上，只有老人与大马林鱼在僵持、搏斗，又是何等的悲壮？一个孤独的老人拖着疲惫不堪的身子，漂泊在茫茫的海面上，这是一个真正的勇士，于战场上，战胜了敌人，尽管已经筋疲力尽，但是他依然挺立着。残酷的是，他所捕获的大马林鱼最终被鲨鱼们撕咬、吞噬，只剩下那十八英尺的鱼骨架。

　　"不过人不是为失败而生的，"他说，"一个人可以被毁灭，但不能被打败。"

　　掷地有声的话语，我们还不明白海明威要告诉我们的东西吗？海明威通过圣地亚哥想要传达给我们的是灵魂的尊严。我们不能不为其悲壮而落泪。

　　世界到处都是隐喻，只是我们有没有去解读，或者有没有能力去解读。园子的一朵花为何开在这里？为何这时开？为何开成这个样子？或许就是上苍的隐喻。在《老人与海》中，大马林鱼是隐喻，离岸很远，于深海之中游弋，却被老人捕获了。它隐喻什么？老人圣地亚哥八十四天没有捕捞一条鱼，第八十五天又去海上，竟然捕获了这条巨大的马林鱼。马林鱼隐喻理想、前途？隐喻渴望、欲望？隐喻胜利即失败，失败即胜利？隐喻荣誉、虚妄？每一个读者都可以有自己的理解，这里没有标准答案，也不需要标准答案。

2017 年 12 月 29 日，于西花园

图书在版编目（CIP）数据

读书是美的／柳袁照著.—上海：华东师范大学出版社，2019
ISBN 978-7-5675-5145-9

Ⅰ.①读… Ⅱ.①柳… Ⅲ.①读书笔记—中国—现代 Ⅳ.① G792

中国版本图书馆 CIP 数据核字（2019）第 292235 号

大夏书系·教育随笔

读书是美的

著　　者	柳袁照
策划编辑	朱永通
责任编辑	任媛媛
责任校对	殷艳红　杨　坤
封面设计	奇文云海·设计顾问
出版发行	华东师范大学出版社
社　　址	上海市中山北路 3663 号　邮编　200062
网　　址	www.ecnupress.com.cn
电　　话	021-60821666　　行政传真　021-62572105
客服电话	021-62865537
邮购电话	021-62869887　　地址　上海市中山北路 3663 号华东师范大学校内先锋路口
网　　店	http://hdsdcbs.tmall.com
印 刷 者	北京密兴印刷有限公司
开　　本	700×1000　16 开
插　　页	1
印　　张	11.5
字　　数	160 千字
版　　次	2020 年 4 月第一版
印　　次	2023 年 7 月第四次
印　　数	10 101–11 100
书　　号	ISBN 978-7-5675-5145-9
定　　价	39.80 元
出 版 人	王　焰

（如发现本版图书有印订质量问题，请寄回本社市场部调换或电话 021-62865537 联系）